고찰명

• **일러두기**
　본문에서 중국 인명, 지명은 국립국어원 외래어 표기법에 따라 표기했습니다.
　단, 하나의 한자로 된 산 이름의 경우는 예외로 했습니다. (예: 량산산梁山→량산)

중국 도시 이야기

# 고찰명

신경진 지음

문학동네

# 도시는 이야기의
# 보고다

다시 중국이다. 1992년 한·중 수교는 시작이었다. 21세기와 함께 우뚝 일어선 중국이 거칠게 다가왔다. 이제 자유무역협정<sup>FTA</sup>으로 우리와 함께 갈 또다른 중국이 앞에 있다. 중국은 넓고 크다. 땅은 넓고 물산은 풍부하다. 지대물박地大物博의 나라다. 지도 위의 중국은 유럽을 덮고도 넘친다. 유럽은 한 나라가 아니다. 문명이다. 중국도 마찬가지다.

중국은 우리에게 친숙하다. 친숙한 것에는 소홀하기 쉽다. 우리는 중국을 잘 모른다. 친숙할 뿐이다. 그렇다면 중국은 무엇인가. 중국은 음양陰陽과 정반합正反合의 원리를 아는 나라다. 전통시대 중국은 『역경易經』을, 현대 중국은 변증법을 따랐다. 음양은 변화, 정반합은 발전의 이론이다. 중국인은 전통과 현대, 창과 방패의 대립 속에서 진리를 찾아내는 지혜를 가졌다. 중국의 역사는 이를 증명한다. 중국이 굴기한다. 처음은 아니다. 진시황은 제국을 세웠고, 유방과 한 무제는 제국을 확장했다. 당唐은 세계 제국이었고, 몽골은 세계를 정복했다. 만주족의 청淸은 현대 중국의 경계를 확립했다.

중국의 1인자 시진핑習近平 주석은 '두 개의 100년'을 이야기한다. 중국공산당을 창당한 1921년으로부터 100년이 되는 2021년, 중화인민공화국을 건국한 1949년으로부터 100년이 되는 2049년 중국의 꿈中國夢을 이룩하겠다는 13억 중국인과의 약속이다.

신중국은 건국과 동시에 톈안먼天安門 광장에 인민영웅기념비를 세웠다. "1840년부터 내외의 적에 대항하고 민족의 독립과 인민의 자유와 행복을 위해 희생된 인민 영웅들은 영원히 잠들어도 불후하리라"고 비문은 적었다. 받침에는 아편전쟁의 발단이 된 1839년 임칙서의 아편 소각, 1851년 태평천국운동 봉기, 1911년 신해혁명의 도화선이 된 우창武昌 봉기, 1919년 5·4 운동, 1925년 5·30 사건, 1927년 난창南昌 봉기, 1931년부터 1945년까지 이어진 중·일 전쟁, 1949년 국공내전의 승패를 결정지은 양쯔강 도하 작전을 부조로 새겼다.

1840년 이래 산업혁명에 먼저 성공한 제국주의 국가들은 중국을 유린했다. 신중국은 베이징의 톈안먼 광장뿐만 아니라 상하이의 와이탄外灘을 비롯해 주요 도시 중심마다 같은 문구를 새긴 인민영웅기념비를 세웠다. 굴욕 같던 어둠陰의 시대를 끝내겠다는 다짐이었다. 어둠은 걷히고 다시 빛陽의 시대다. 시진핑 주석의

'두 개의 100년'은 그 선언이다.


　　다시 중국이다. 중국은 지금 전 세계의 화두다. 상대를 알고 나를 알면 위태롭지 않은 법. 중국을 알려면 어디서 시작해야 할까. 이 책은 하나의 대답이다. 중국은 두꺼운 책이라고 한다. 전문가들은 두 종류의 책을 권한다. 역사와 지도다. 중국을 종과 횡으로 보라는 의미다. 겉을 읽고 속을 파라는 뜻이다.

　　필자의 중국 읽기는 씨줄과 날줄이 교차하는 도시에 착안했다. 도시는 이야기의 보고다. 대학원 시절 한 수업에서 중세 이슬람 세계의 대표적 역사가 이븐할둔Ibn Khaldūn, 1332~1406의 『역사 서설Muqaddimah』을 강독한 바 있다. 문화학의 대가였던 이븐할둔은 도시의 탄생과 성장, 쇠퇴를 인간의 욕망으로 설명했다.

　　인간이 사치와 안락에 대한 욕구를 충족시키기 위해 도시를 만들었다는 논리다. 인류는 생존의 원시적인 필요가 충족되면 도시를 건설하거나 기존의 도시를 정복했다. 도시 건설에는 경제적 보상이나 노동을 동원할 힘이 필요했다. 도시에 앞서 강력한 정치 권력이 우선했다. 중국은 다양한 종류의 도시가 탄생할 토양이 풍부했다.

　　지난 3년 동안 중앙일보의 뉴스클립 코너를 빌려 '중국 도시 이야기'를 연재했다. 과거를 바탕으로 현재를 버무렸다. 미국 저널리스트 대니얼 브룩이 『미래 도시의 역사』에서 도시의 역사와 현재, 그리고 미래를 블렌딩한 방법론이다. 처음에는 직접 가본 도시만 다뤘다. 17회 구이린桂林까지 연재하니 충전이 필요했다. 발품 대신 책과 자료 신세를 졌다. 요령이 늘었는지 직접 가본 도시보다 더 생생하게 도시의 속살이 보였다.

중국은 문명이다. 중국인조차 장님 코끼리 만지듯 한두 곳만 경험하고 "중국은 이렇다"고 단정짓기 쉽다. 중국이란 함정에 빠지기 시작하는 것이다. 실상은 다르다. 중화인민공화국을 구성하는 31개 성·시·자치구 하나하나가 보통 나라의 규모다. 도시는 또 얼마나 많은가. 이 책은 겨우 25개 도시만을 다뤘을 뿐이다. 연재한 기사를 책으로 엮으면서 중국 도시를 과거·현재·미래란 잣대로 나눴다.

먼저 동양의 로마였던 시안西安을 필두로 중국의 5000년 역사를 되돌아볼 수 있는 도시들을 묶었다. 1장 '顧, 5000년 돌아보기'다. 시진핑의 '두 개의 100년'을 읽을 수 있는 근대 도시들은 2장에 모았다. '察, 100년 살펴보기'다. 신산한 근대 중국인들의 삶이 녹아 있는 현장이다. 3장에서는 도시란 렌즈로 중국의 미래를 전망했다. '望, 20년 내다보기'에서 다룬 도시에는 중국인들이 그리는 미래 중국이 녹아 있다. 큰 도시만 다뤘다. 다루지 못한 2선, 3선 도시들은 앞으로 한 곳 한 곳 방문할 생각이다. 그곳에서 만날 중국의 사람, 건물, 역사, 이야기가 기다려진다.

많은 분의 도움을 받았다. 중국을 보는 엄격함은 모두 서울대학교 동양사학과 선생님들께 받은 학은이다. 유상철, 한우덕 중국연구소 소장을 비롯해 중앙일보의 많은 분이 여러모로 부족한 글을 다듬어주셨다. 항상 초고를 미리 읽고 조언해주신 아버지와 아내에게 고마움을 전한다.

　소설가 루차오鹿橋는 『끝나지 않은 노래未央歌』의 15장을 송나라 시인 진관秦觀의 시구로 시작한다. 진관은 먼 길을 떠나며 「망해조望海潮」란 시를 남겼다. 필자의 중국 여행도 이제 다시 시작이다.


　"돌아가고 싶은 마음 어쩔 수 없어, 이제 흐르는 강물 따라 하늘 끝으로 간다네無奈歸心, 暗隨流水到天涯."


2013년 가을

신경진

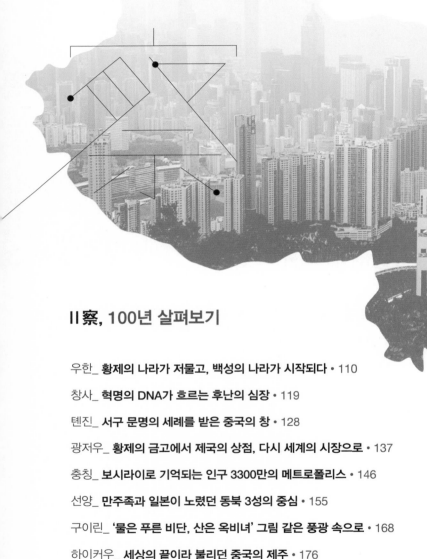

## II 察, 100년 살펴보기

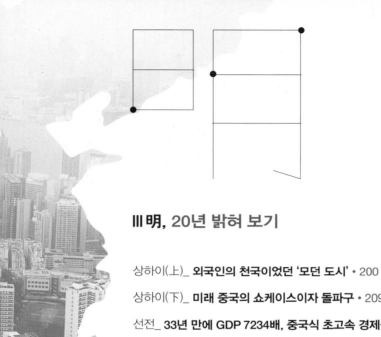

# III 明, 20년 밝혀 보기

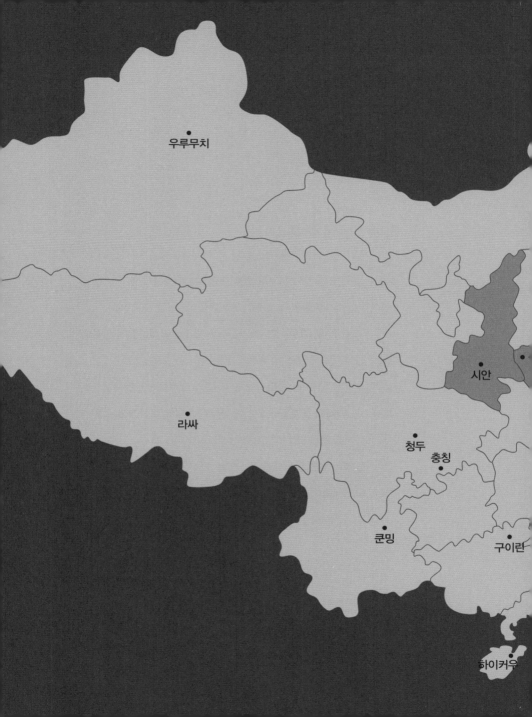

顧,
5000년
돌아보기

# 영원한 도시를 꿈꿨던
# **천년 고도**

"서양에 로마가 있다면, 동양에는 장안이 있다."

당唐 현종과 양귀비의 애틋한 사랑을 노래한 백거이白居易, 772~846의 「장한가長恨歌」의 무대이자, 진秦—한漢—당唐으로 이어졌던 화려한 중화제국의 수도. 장제스蔣介石를 감금하여 항일을 위한 국공합작을 이끌어내 중국공산당의 궤멸을 막아준 시안사건의 현장이었던 천년 고도 시안西安이 다시 깨어나고 있다. 2013년 6월 박근혜 대통령은 집권 후 처음으로 중국을 국빈 방문하면서 베이징 이외의 방문지로 시안을 선택했다.

## 1400년 전 세계 최대 도시가 깨어나다

중화인민공화국의 61번째 생일을 하루 앞둔 2010년 9월 30일 오

전. 시안시 동북쪽에 위치한 당나라 대명궁 유적지의 함원전含元殿
과 단봉문丹鳳門 사이의 광장. 베이징 톈안먼 광장보다 넓은 이곳에
서 현재 중국공산당 중앙조직부장인 자오러지趙樂際 당시 산시陝西성
당서기를 비롯해 내외 요인들이 참석한 가운데 대명궁 국가 유적
지 공원 개원식이 성대하게 거행됐다.

대명궁은 당 태종 이세민李世民이 현무문의 변을 일으켜 형과
동생을 죽이고 권력을 장악한 이후, 아버지인 당 고조 이연李淵을
모시기 위해 여름 궁전을 지은 데서 유래한다. 공사는 고조가 죽
자 중단됐지만 20년 후 태종의 아들인 고종이 완공했다. 고종이
자신의 지병인 류머티즘 치료와 황후 측천무후가 살해한 비빈들
의 원한을 피하기 위해 대규모 궁궐 신축 공사를 재개한 것이다.

대명궁은 면적 3.2제곱킬로미터로 베이징 자금성의 4.5배,
프랑스 루브르 궁전의 8배 규모를 자랑한다. 2007년 10월 복원 공
사를 시작해 3년 만에 개원했다. 개장일부터 국경절 연휴가 끝난
10월 7일까지 150만 명이 찾았다. 공사 총액은 1400억 위안(약 23조
8000억 원)에 달했다. 공원으로 탈바꿈한 대명궁은 시안의 센트럴
파크로 다시 태어났다.

신중국 건국 60주년이던 2009년 컴퓨터 그래픽으로 완벽하
게 재현한 역사 다큐멘터리 〈대명궁〉이 제작됐다. 그해 9월 뉴욕
유엔본부에서 각국 대사 및 관계자 200여 명이 참석한 가운데 첫
시사회가 열렸다. 6부작 〈대명궁〉은 2010년 2월 설 연휴 동안 중
국중앙방송CCTV의 다큐멘터리 채널에서 방영됐다. "구중궁궐 대

시안上

문이 열리고, 만국의 벼슬아치들이 황제에게 절을 올린다九天閶闔開
宮殿, 萬國衣冠拜冕旒"며 왕유王維가 노래했던 세계 제국의 수도 장안長安
의 화려한 영화가 재현된 모양새다.


## 클린턴이 첫 방문 도시로 선택한 시안

1998년 6월 25일 오후 7시 14분 빌 클린턴 미국 대통령의 에어포
스원(전용기)이 시안 셴양咸陽비행장에 착륙했다. 1989년 톈안먼 사
건 이후 현직 미국 대통령으로서는 첫 방중이었다. 중국은 긴장했
다. 미국 내에 팽배한 '중국위협론'을 잠재우고, 위안화 평가절하
압력을 막기 위해서는 클린턴의 환심을 사야 했다. '세계 최고의
환영 의례天下迎賓第一禮'가 준비됐다. 명대에 개축한 시안 고성의 남
문에서 황제의 입성식入城式을 재현했다.

펑쉬추馮煦初 시안 시장이 성문 앞에서 클린턴에게 길이 15센
티미터, 너비 6센티미터에 비룡飛龍과 영어와 한자로 '중국 시안'을
새긴 황금열쇠를 선물했다. 펑 시장은 "벗이 먼 곳에서 찾아오니 즐
겁지 아니한가"라는 『논어』 구절을 인용해 환영했다. 클린턴은 "니
먼하오(여러분 안녕하십니까)"라며 중국어로 인사했다. 그는 "중국의
자랑스러운 역사와 내일의 희망을 축복한다"며 "미국인들은 당신
들의 성취, 경제, 근면, 창조성과 비전에 놀라고 있다"고 말했다.
중국어 "셰셰(감사합니다)"로 연설을 마무리하자 박수가 쏟아졌다.

클린턴은 이어 당나라 복장을 한 무사와 춤추는 무희들의 안내를 받으며 성루에 올랐다. 마치 황제가 천하를 굽어보듯이 시안의 야경을 내려다보는 감격을 맛보았다. 중국은 클린턴을 '황제 코드'로 유혹했다. 클린턴 이후 시안을 방문한 주요 국빈에게는 황제의 입성식이 제공됐다. 이후 시안의 입성식에는 '비공식적인 공식 국가 환영식'이란 별칭이 붙었다.

클린턴 대통령은 이튿날 진시황릉인 병마용갱兵馬俑坑을 찾았다. 중국은 '병마용 외교'를 이어갔다. 1974년 발견된 병마용은 중국이 국빈의 격에 맞춰 대접하는 수많은 의전도구 중 하나다. 외교장관급은 일반 관람대 한 층 아래 병마용과 가깝게 마련된 플랫폼에서 관람하게 한다. 부총리급 이상은 여기에 붉은 카펫을 깔아 성의를 표시한다. 국가원수나 정부 수반은 병마용 대열 안까지 내려갈 수 있도록 특별히 배려하기도 한다. 1984년 병마용갱을 방문했던 레이건 대통령 부부와 마찬가지로 클린턴 대통령에게는 부인 힐러리, 딸 첼시, 장모 도로시 로댐과 함께 병마용 사이에서의 특별 관람이 허락됐다. 그는 "책에서 본 것과 실물은 큰 차이가 있다"며 배려에 감사를 표시했다.

병마용갱을 찾은 1호 외국 수반은 리콴유 싱가포르 총리였다. 1976년 5월 14일 병마용갱을 방문한 리콴유 총리는 "병마용 발견은 세계의 기적이자 민족의 자랑"이라고 극찬했다. 중국의 라오펑유老朋友(오랜 친구) 자크 시라크 프랑스 대통령은 1978년 9월 병마용갱을 찾아 '피라미드를 보지 않고는 진정 이집트에 간 것이 아니고, 병마용을 보지 않고는 진정 중국을 본 것이 아니다'라고 방명록에 적었다. 북한의 김일성 노동당 총서기도 1982년 9월 23일 병마용갱을 방문했다. 중국은 후야오방胡耀邦 당시 중국공산당 총서기가 병마용갱까지 직접 안내하며 환대했다. 1972년 중국을 방문해 '죽竹의 장막'을 연 리처드 닉슨 미국 대통령은 퇴임 후인 1985년 9월 진시황릉을 찾았다.

'병마용 외교'는 해외에서도 이루어진다. 중국은 미국, 타이완 등 전략적으로 중요한 나라에 병마용의 해외 전시를 허용한다. 병마용은 현지에서 '중국열'로 이어진다. 병마용은 중국 소프트파워의 선봉장이다.

클린턴의 중국 방문은 8박 9일 동안 계속됐다. 시안, 베이징, 상하이, 구이린桂林, 홍콩으로 이어진 여정은 클린턴이 직접 결정했다. "시안에서 중국의 빛나는 과거를 보고, 베이징에서 선명한 현재를, 상하이와 홍콩에서 중국이 약속하는 미래를 보겠다"는 취지였다. 클린턴은 중국을 존중했고, 방중은 성공했다.

## 한 편의 드라마 같은 병마용 발굴

병마용 발굴은 한 편의 드라마였다. 1974년 봄 긴 가뭄이 산시성을 강타했다. 도처에서 우물 파기 열풍이 불었다. 린퉁臨潼현 시양西楊촌도 예외가 아니었다. 마을 청년 6명이 동원됐다. 4미터 정도

파내려갔을 때 이들 중 한 명인 양즈파楊志發의 곡괭이에 불꽃이 튀었다. 진흙으로 만든 사람의 머리가 나왔다. 긴 뿔이 달린 머리, 둥그런 두 눈, 팔자수염 아래 입술을 꽉 다문 모습이었다. 곡괭이와 삽으로 아래를 파내자 도제陶製 머리와 팔, 다리 등 조각들이 나왔다. 벽돌 위에 서 있는 무장한 무인상도 보였다. 대형 기계활과 청동화살도 나왔다. 그해 3월 29일, 2000여 년간 잠자던 지하 진秦나라 군단이 모습을 드러냈다. 하지만 농부들은 이것이 진나라 유물이라고는 상상도 못했다. 진흙 머리를 집에 가져가 가신家神으로 모셔놓은 채 마저 우물을 팠다.

5월 말 베이징에서 근무하던 신화사 기자 린안원藺安穩이 고향인 린퉁현을 찾았다. 아내와 아이들을 보기 위해서였다. 그는 아내에게서 농부들이 발굴한 도용陶俑(진흙인형)이 문화관에 보관돼 있다는 소식을 들었다. 이야기를 듣자마자 그는 "2000년 전 진나라 병사와 말이다. 국가의 진귀한 보물이다"라고 단언했다.

이 사실을 어떻게 알릴 것인지가 문제였다. 즉시 베이징으로 돌아온 그는 런민일보 평론부에서 일하던 대학동창 왕융안王永安을 찾아 의논했다. 왕융안은 먼저 런민일보 내부 참고(일종의 정보 보고)를 통해 중앙 지도자들의 주목을 받자고 말했다. 당시는 유교를 비판하고 법가를 재평가하는 '비유평법批儒評法' 운동이 한창이었다. 진시황의 무사용武士俑은 진시황의 법가 노선의 중요한 실물자료였다. 이 사실은 당중앙에 보고됐고 선전 부분을 총괄하던 야오원위안姚文元이 칭찬하며 보도를 허락했다.

1974년 당시는 저우언라이周恩來와 장칭江靑 세력이 치열하게 대립하던 때였다. 런민일보 보고를 들은 장칭은 꼬투리를 잡고 화를 냈다. "린퉁현 영도 동지들이 비밀 보호에 집착해 상부에 보고하지 않았다"는 게 그 이유였다. 덕분에 일은 빨리 진행됐다. 장칭의 반응에 놀란 야오원위안이 국무원의 담당 부총리인 리셴녠李先念을 찾았다. 상황의 심각성을 눈치챈 리셴녠은 린안원의 정보 보고를 즉시 우칭퉁吳慶彤 국무원 부비서장과 왕예추王冶秋 국가문물국장(한국의 문화재청장 격)에게 전했다.

왕예추 국장은 평생 최고의 희열을 느꼈다고 당시를 회상한다. 최정예 문화재 전문 발굴단이 꾸려지고 즉시 시굴 조사가 시작됐다. 1976년 추가로 두 개의 용갱이 발굴됐다. 병마용 발굴팀을 가장 흥분하게 만든 것은 한 자루의 청동검이었다. 길이 91.3센티미터, 너비 3.2센티미터의 날카로운 날을 가진 은백색 청동검은 '형가가 진왕을 찌르다荊軻刺秦王'라는 『사기史記』 기록의 비밀을 푸는 열쇠다. 형가의 습격을 피하던 시황제는 칼날이 매우 길어 칼을 뽑지 못했다. 시황제는 겨우 청동검을 뽑아 형가의 다리를 한 번에 잘라 암살을 모면했다. 출토된 청동검의 크기와 예리함은 왜 진시황이 한 번에 검을 뽑지 못했는지, 어떻게 사람의 다리가 한 번에 잘릴 수 있었는지 웅변한다.

현재 일반에 공개된 병마용 1, 2, 3호 갱의 총면적은 2만 2780제곱미터다. 7호 갱까지 발굴이 진행되고 있다. 도용의 크기는 사람과 같다. 가장 큰 것은 196센티미터, 가장 작은 것은 178센

티미터로 평균 180센티미터다. 8000여 개의 발굴이 끝났고, 지금
도 발굴 작업이 진행되고 있다.


## 영원한 도시를 꿈꿨던, 관중평원의 중심

시안의 과거는 화려하다. 시안은 남북 150킬로미터, 동서 300킬
로미터 분지인 관중關中평원의 중심이다. 주周나라부터 당나라까지
"관중을 차지한 자가 중국 대륙을 지배했다"는 말이 통용됐다. 한
나라 때 관중의 인구는 전 중국의 10분의 3이었지만, 생산한 부富
는 10분의 6에 달했다. 유방과 항우를 비롯한 삼국지의 영웅들이
시안을 차지하기 위해 결전을 치른 이유다.

　세계 제국 당나라의 장안은 거대했다. '오래도록 편안하다'라
는 뜻의 장안은 '영원한 도시'를 의미한다. 남북 8.6킬로미터, 동
서 9.7킬로미터인 장안성은 84제곱킬로미터 면적으로 서울 여의
도의 10배다. 당대 장안성은 현존하는 길이 13.71킬로미터인 명
나라 성곽 넓이의 9.7배, 원·명·청의 수도 베이징성의 1.4배에 달
했다. 세계 최대 규모였다. 447년 건설된 비잔티움의 7배, 800년
건설된 바그다드의 6.2배였다.

　장안성은 철저한 계획도시로 천원지방天圓地方 사상과 음양오
행 이론이 응축된 성곽의 집합이었다. 성안에는 사각형으로 이루
어진 108개의 방坊과 동시東市, 서시西市, 직선으로 쭉쭉 뻗은 가로

가 있었다. 황제의 거처인 궁성 태극궁太極宮 앞에는 황제의 집무실인 황성皇城이 자리잡았다. 궁성과 황성의 크기가 명청대에 개축되어 지금까지 남아 있는 시안 성곽과 비슷한 규모였다.

장안의 중축선은 주작대로였다. 황성의 남문인 주작문朱雀門에서 외곽성의 남문인 명덕문明德門을 잇는 폭 155미터, 길이 5020미터의 길이다. 서울에서 가장 넓은 세종대로의 폭이 광화문광장이 조성되기 전 16차로 50미터였던 것에 비하면 규모의 거대함을 짐작할 수 있다. 1300여 년 전 50차로 폭의 도로가 전 세계에서 몰려드는 인파를 맞이했다. 황제는 이들을 당률唐律로 통제했다. 성안에 각각 동서 550~1125미터, 남북 500~838미터에 3미터 높이의 담장으로 조성된 110개의 방坊을 만들어 주민을 수용했다.

"서양에 로마가 있다면, 동양에는 장안이 있다"는 말이 나올 정도로 장안은 아시아 제국의 수도다웠다. 7~10세기 세계의 모든 길은 장안을 향했다. 8세기 장안은 쇄도하는 외국 사신들로 가득했다. 동로마제국이 일곱 차례, 아랍제국이 36차례 사절단을 파견했고 일본이 견당사遣唐使를 15차례 보냈다. 『당육전唐六典』에 따르면 당은 300여 나라와 사신을 교환했다. 당시 100만 인구의 장안은 역사상 전례 없는 물질적 풍요를 자랑했다. 다양한 종교 교리, 시詩 형식, 첨단의 법과 정치 제도, 새로운 복식과 헤어스타일이 넘실댔다.

20세기가 아메리칸드림의 시대였다면 당시는 '당나라의 꿈 Tang dream'의 시대였다. 한반도와 일본의 유학생과 구법승, 돌궐·

시안 上

위구르의 무사, 인도·페르시아·아랍의 상인이 몰려들었다. 장안은 각종 문화가 모여 고이는 '저수지'이기도 했다. 부유·자유·관용·낭만이 가득했다. 시진핑 중국 국가주석이 외치는 '중국의 꿈中國夢'의 뿌리가 바로 성당盛唐의 재현이다.

고구려·신라·백제 삼국 통일도 장안에서 주춧돌이 놓였다. 서기 648년 말 신라 사절 김춘추가 당 태종과 가진 단독 회견에서다. 그는 당 태종과 통일을 논의했다. 김춘추는 고종이 즉위하자 650년 4월 장남 김법민金法敏(훗날의 문무왕)을 장안에 보내 진덕여왕이 비단에 수놓은 「태평송太平頌」을 선물했다.

# 다시 찾아온
# 장안의 봄

장안의 봄은 본래 임자가 없으니,
옛날부터 홍루(주점)의 여인들 차지라네.
– 위장, 「장안의 봄」

클린턴 대통령이 올랐던 시안의 성곽은 1950년대 철거될 운명이었다. 마오쩌둥이 베이징 성곽을 허물자 시안시 정부가 여기에 동조해 시안의 성도 없애기로 했기 때문이다. 이를 지켜낸 사람이 바로 시진핑의 부친인 시중쉰習仲勳, 1913~2002 당시 국무원 비서장이다.

시안의 역사학자 우바이룬武伯倫은 철거 계획 소식을 듣자 베이징의 시중쉰에게 철거를 막아달라는 편지를 썼다. 시안에서 북쪽으로 60킬로미터 떨어진 푸핑富平현에서 태어난 시중쉰은 관련 부처에 "시안 성벽은 중요 문화재다. 보호해야 한다. 철거해서는 안 된다"고 지시했다. 이 지시와 함께 시안 성벽은 전국 제1차 문물보호단위에 지정됐다.

## 시진핑 부자와의 인연

산시 출신 시중쉰의 별명은 '서북왕西北王'이다. 그는 1934년 산간 변구陝甘邊區(산시성과 간쑤성 변경지대) 소비에트정부 주석으로 공산혁명을 이끌었다. 1935년 마오쩌둥의 홍군은 산시성 북부의 옌안延安에서 대장정을 마쳤다. 시중쉰이 마오쩌둥을 받아들였기 때문이다. 혁명기 마오쩌둥은 중국을 다섯 권역으로 나누어 국민당과 대결했다. 서북국은 시중쉰, 서남국은 덩샤오핑鄧小平, 동북국은 가오강高崗, 화동국은 라오수스饒漱石, 중남국은 덩쯔후이鄧子恢가 지휘했다. 옌안의 서북국은 1949년 시안으로 근거지를 옮겼다.

1949년 마오쩌둥은 신중국을 세웠지만 변방의 살아 있는 권력이 딴마음을 품을까 두려웠다. 1952년 가을 류사오치劉少奇가 이들을 베이징으로 불러들이자고 건의했다. '오마진경五馬進京'으로 불리는 조치다. 베이징에 초치된 시중쉰에게는 중앙선전부를 맡겼다. 시진핑은 이듬해 베이징에서 태어났다. 이 때문에 이름을 진핑近平(당시까지 베이징은 베이핑北平으로 불렸다)으로 지었다.

1993년 푸젠福建성 상무위원 겸 푸저우福州시 서기이던 시진핑은 혁명의 성지 옌안에서 동북으로 80킬로미터 떨어진 옌촨延川현 량자허梁家河촌을 방문했다. 18년 만의 방문이었다. 시진핑을 잘 아는 촌로들은 그에게 동부콩과 참깨, 좁쌀로 만든 국수를 선물했다. 푸젠으로 돌아가서도 옛 고향의 맛을 잊지 말라는 정을 담았다. 시진핑은 답례로 집집마다 알람시계를 선물했다. 자녀들을 늦

지 않게 학교에 등교시키라는 배려였다. 시진핑 주석은 16세부터 22세까지 7년간 량자허의 토굴에서 지냈다. 문화대혁명의 광풍은 베이징의 지식청년 2만여 명을 옌안의 황투고원으로 보냈다. 시진핑과 왕치산王岐山 정치국 상무위원도 그 무리에 속했다.

시진핑은 훗날 "(나의) 성장과 진보는 산베이陝北(산시성 북부) 7년에서 시작됐다"며 당시 두 가지 수확을 얻었다고 회고했다. "하나는 실제와 실사구시, 군중이 무엇인지 알게 해주었다. 평생 잊지 못할 수확이다. 둘째로는 나에게 자신감을 배양해주었다." 시진핑은 "산시성은 뿌리, 옌안은 혼"이라고 말한다.


## '떠오르는 별' 시안 출신 루하오 헤이룽장 성장

시진핑 정권의 등장 이후 중국 정계와 군부에 산시방陝西幇(산시성과 관련 있는 정치인)이 약진하고 있다. 그 면면은 화려하다. 시진핑 중국 국가주석, 자오러지 중앙조직부장, 팡펑후이房峰輝 총참모장, 장유샤張又俠 총장비부장, 장바오원張寶文 전국인민대표대회(전국인대) 부위원장 등은 모두 고향이 산시성이다. 시진핑과 왕치산 정치국 상무위원, 왕천王晨 전국인대 부위원장 겸 비서장은 베이징 지식청년 신분으로 산시에서 활동했다.

2012년 11월 평양을 방문한 리젠궈李建國 정치국 위원 겸 전국인대 부위원장, 자오러지 부장은 산시성 당서기를 지냈다. 리잔수

栗戰書 중앙판공청 주임은 1998년부터 2003년까지 산시성 상무위원으로 일했고, 시안시 당서기도 1년간 맡았다. 그 밖에 저장성 샤오싱紹興 출신으로 알려진 위정성兪正聲 정치국 상무위원도 산시방에 속한다. 2013년 3월 신화사가 위정성 상무위원의 전국정협 위원장 당선을 보도하면서 1945년 4월 옌안 출생으로 보도했기 때문이다. 총 정치국 상무위원 3명, 정치국 위원 4명, 전국인대 상무위원회 부위원장 3명, 전국정협 부주석 1명이 산시방으로 분류된다.

혁명의 성지 옌안이 산시에 위치한다. 중국 정계에서 산시 출신은 '붉은 혈통'의 보증서로 통한다. 여기에 든든한 후원자 시진핑 주석을 만났다. 산시방의 젊은 피로는 루하오陸昊 헤이룽장黑龍江 대리성장省長이 있다. 시안에서 태어난 루하오는 화려한 이력의 소유자다. 문혁 후 시안시 첫 고교생 당원(18세), 문혁 후 첫 베이징대 직선 학생회장(20세), 베이징 최연소 국영기업 총수(28세), 최연소 베이징 부시장(35세), 최연소 장관급 간부(41세), 최연소 성장(46세)의 기록을 이어가고 있다.

산시 사람들은 인정과 의리를 중시한다. 2005년 자매결연한 전남 박준영 지사의 초청으로 당시 시진핑 저장성 당서기가 한국을 방문했다. 2012년 4월 박준영 지사가 베이징을 방문하면서 당시 시진핑 국가부주석과의 면담을 신청했다. 시진핑 주석은 흔쾌히 박준영 지사를 만났다. 시진핑 주석에게 과거의 인연을 중시하는 산시 사람의 피가 흐른다는 설명이다.

장쩌민江澤民 전 중국 국가주석의 권력 기반은 상하이방上海幇

고찰명／중국 도시 이야기

(상하이 관료 출신)이었다. 양저우揚州 출신으로 상하이에서 잔뼈가
굵었기 때문이다. 그 밖에 고위 관료를 대거 배출한 푸젠방福建幇,
산둥방山東幇에 비해 산시방의 수나 규모는 아직 미약하다. 하지만
시진핑과 함께 산시방은 향후 10년 중국 정계의 핵심세력으로 성
장할 것이라고 중국 전문가들은 예측한다.


## 호희·양귀비·측천무후… 시안의 여인들

시안은 서주西周, 진秦, 전한前漢, 신新, 서진西晉, 전조前趙, 전진前秦,
후진後秦, 하국夏國, 서위西魏, 북주北周, 수隋, 당唐까지 13개 왕조의
수도였다. 실크로드의 출발점으로 서역에서 온 외국인들이 넘쳐
나는 국제도시 코즈모폴리스였다.

> 부잣집 자제들이 시내의 동쪽으로五陵年少金市東
> 은안장 백마에 얹고 봄바람 건너간다銀鞍白馬度春風
> 낙화 두루 밟고 어디로 놀러가나落花踏盡遊何處
> 웃으며 들어가네 호희(이국 여인)의 술집 안으로笑入胡姬酒肆中

시선 이백이 「소년행少年行」에서 읊었듯이 당대 장안에는 외국
여인네들이 손님을 맞는 술집들이 적지 않았다. 당나라의 호희는
지금의 이란에서 온 서역 출신 여인들이었다. 당시는 이국 풍속이

크게 유행해 페르시아풍의 옷, 장식, 노래가 인기를 끌었다. 마치 서양의 팝이나 한국 가요가 현대 중국에서 인기를 끄는 것과 비슷했다. 지금도 이슬람 사원 청진대사淸眞大寺 인근에서는 서역의 이국 분위기를 느낄 수 있다.

> 하늘에선 비익조 되기를 원하셨죠在天願作比翼鳥
> 땅에서는 연리지 되기를 원하셨죠在地願爲連理枝
> 하늘과 땅이 영원하다 해도 다할 날이 있지만天長地久有時盡
> 이 한은 끝없이 이어져 사라지지 않으리此恨綿綿無絶期

백거이의 시「장한가」끝 구절이다. 시안에서 서쪽으로 60여 킬로미터 떨어진 곳에는「장한가」의 주인공 양귀비 묘와 사당이 있다. 당 현종의 며느리로 들어왔음에도 황제의 총애를 독차지했던 그녀는 수양아들 안녹산이 난을 일으키자 이곳에서 목을 매 자결했다. 그녀의 묘는 봉분이 벽돌로 둘러싸여 있다.

여기에는 재미있는 일화가 전한다. 인근에 얼굴이 못생겨 시집조차 못 간 아가씨가 살고 있었다. 어느 날 그녀가 양귀비 묘에 와 얼굴을 묻고 울다 집에 돌아가 얼굴에 묻은 봉분의 흙을 닦자 아름다운 얼굴로 변했다. 이 소문이 돌자 너도나도 양귀비 묘의 흙을 파다 바르기 시작했다. 이에 봉분이 사라질 것을 염려한 관청이 나서 묘를 벽돌로 둘렀다. 현종과 양귀비가 처음 만났던 화청지華淸池에는 마오쩌둥이 쓴「장한가」가 비석에 새겨져 이곳을 찾는 관광객들의 눈길을 끈다.

　시안에는 미인뿐 아니라 여성 호걸의 유적도 전해온다. 중국 역사상 유일무이한 여자 황제였던 측천무후가 남편인 당 고종과 함께 안장된 건릉乾陵이 바로 그곳. 두 명의 황제가 하나의 능에 합장된 것은 세계적으로 건릉이 유일하다. 평지에 능을 만들지 않고 해발 1000미터가 넘는 량산梁山을 파서 능으로 삼았다. 자신의 묘비에 아무 글자도 남기지 말라는 유언 때문에 무자비無字碑가 전해온다. 또, 청나라 말기의 권력자 서태후西太后가 의화단의 난을 이유로 베이징에 난입한 8국 연합군을 피해 이곳 시안에 와 머무는 동안 즐겨 먹었다는 만두 전문점 더파창德發長도 유명하다.

## 서부대개발의 중심, 다시 찾아온 '장안의 봄'

"장안의 봄은 본래 임자가 없으니, 옛날부터 홍루(주점)의 여인들 차지라네長安春色本無主, 古來盡屬紅樓女." 당나라 말의 시인 위장韋莊은 「장안의 봄」에서 이렇게 노래했다. 당나라 때 장안에 모란이 피는 봄이 오면 마치 과거 네덜란드의 튤립 열풍처럼 모란 사재기가 유행했다. 과거 모란과 호희들로 북적이던 시안에 다시 봄이 온 듯하다. 시안시는 2011년부터 시작된 12차 5개년 경제개발 기간 동안 국제화 대도시를 건설하겠다고 선언했다. 시안에서 간쑤甘肅성 톈수이天水까지 이어지는 관중—톈수이 경제구를 서부대개발의 중심기지로 만들겠다는 야심도 밝혔다. 2020년까지 연평균 12퍼센트 성장을 달성하겠다는 계획이다.

삼성전자는 70억 달러(약 8조 원)를 투자해 낸드플래시 반도체 공장을 건설함으로써 중국 정책에 호응했다. 전국적인 고속철도 건설 붐에 힘입어 아시아 최대의 철도역사 건설도 추진중이다. 중원中原이란 이름에 걸맞게 신장新疆에서 홍콩까지 전 중국 어디라도 일일생활권으로 연결할 계획이다. 수많은 박물관과 사각의 성벽이 미래의 중국과 오버랩되는 도시가 바로 천년 고도 시안이다.

난징

# 용과 호랑이가 웅크린,
## 남쪽의 수도

"이 도시는 아름다움과 장엄함에서 세계의 모든 도시를 능가한다.
이것들을 뛰어넘을 만한 건축들은 유럽에 없다."
—마테오 리치

고찰명／중국 도시 이야기

현재 중국의 도시 가운데 이름에 '수도 경京' 자가 들어가는 곳은
베이징北京과 난징南京 두 곳뿐이다. 남쪽의 수도 난징은 '육조고도
六朝古都'로 불린다. 동오東吳, 동진東晉, 남북조시대 송宋, 제齊, 양梁,
진陳 등의 수도였기 때문이다. 실제로는 남당南唐, 주원장朱元璋의
명明, 태평천국, 중화민국까지 난징은 모두 10개 정권의 수도였다.


## 마오쩌둥과 진시황의 난징

종산에 비바람 거대하게 일어나니鍾山風雨起蒼黃

백만 정예군대가 창장강을 건넜다百萬雄師過大江

호랑이와 용이 웅크린 난징에는 승리뿐虎踞龍盤今勝昔

034

하늘과 땅이 뒤집히니 어찌 강개하지 않겠는가天飜地覆慨而慷

남은 병사로 궁지에 몰린 적을 끝까지 쫓아야지宜將剩勇追窮寇

명성 얻으려다 실패한 패왕 항우의 전철은 밟지 않으리不可沽
名學霸王

하늘에 정이 있다면 하늘 역시 늙겠지만天若有情天亦老

인간의 바른 길은 상전벽해처럼 변화무쌍하네人間正道是滄桑


1949년 4월 23일 류보청劉伯承과 덩샤오핑의 군대가 난징 공략에 성공했다는 승전보를 듣고 마오쩌둥이 지은 「인민해방군이 난징을 점령하다人民解放軍占領南京」라는 시다. 도강전역渡江戰役(양쯔강 도하 전투)의 주역인 제2야전사에 보낸 승리의 축하선물이었다. 이날의 승리로 마오쩌둥은 조조曹操와 부견苻堅을 넘어선 인물이 됐다. 위魏나라 조조는 208년 적벽대전에서 패해 천하통일의 꿈을 접어야 했고, 고구려에 불교를 전해 우리에게 익숙한 전진前秦의 부견도 383년 페이수이淝水 싸움에서 져 남북통합에 실패했다. 도강전역에서 15만 군사를 잃은 장제스는 수도 난징을 버리고 타이완으로 쓸쓸히 패퇴했다.

난징은 마오가 쟁취하기 2000여 년 전 진시황의 심기를 건드린 불온한 땅이었다. 천하를 통일한 진시황에게 예언가들이 "500년 뒤 금릉金陵(난징의 당시 이름)에 천자天子의 기운이 있다"고 경고했다. 천하 순행에 나선 진시황은 난징 남쪽 지금의 팡산方山에 올랐다. 술사들이 천자의 기운이 이곳에서 솟아난다고 말했다. 노한

진시황은 지맥에 혈을 뚫고 구릉을 절단해 용의 기운을 차단했다. 강물까지 거꾸로 흐르게 만들었으니 지금의 친화이강秦淮河이 이때 생겼다. 그는 기원전 210년 금릉이란 이름도 말릉秣陵(여물 언덕)으로 바꾸어버렸다.

하지만 진시황의 노력도 예언을 바꾸지는 못했다. 오吳나라 손권孫權이 우창武昌에서 황제에 등극한 뒤 왕기가 깃든 말릉의 이름을 건업建業으로 바꾸면서 도읍을 옮겼다. 진시황 순행 500여 년이 지나 난징 땅에서 예언대로 황제가 나온 것이다. 이보다 앞서 난징을 찾은 촉蜀의 승상 제갈량은 "종산鐘山에 용이 서려 있고, 석두산石頭山에 호랑이가 웅크리고 있으니 실로 제왕이 자리잡을 땅"이라며 이곳의 풍수를 극찬했다.

진시황의 저주 역시 강했다. 용맥의 기세가 진시황의 기세에 눌렸는지 난징을 수도로 삼은 역대 왕조는 모두 단명하고 만다.

## 명 태조 주원장의 난징

로마제국의 로마, 대영제국의 런던과 같은 단일 대표 도시가 중국의 역사에는 없다. 한 도시가 감당하기에는 중국의 정치, 문화의 규모와 역사의 길이가 거대하기 때문이다. 유럽의 근대 절대왕정 국가들이 중세 도시국가체제를 단일 메트로폴리스로 대체하면서 성립됐던 것과 달리 천자가 다스리던 중국의 절대왕정은 하나의 거대도시에 의존하지 않았다. 군현제라는 특유의 중앙집권체제로 제국을 하나의 정치체로 묶어냈기 때문이다. 난징은 진·한·당 제국의 수도 시안이나 원·명·청의 베이징과는 다른 풍격을 갖춘 수도였다.

남북조시대가 시작되면서 북방의 이민족을 피해 내려온 한족漢族은 남조南朝의 수도 난징에서 화려한 귀족문화를 꽃피웠다. 북에서 내려온 통일군주 수 문제文帝는 난징을 점령한 뒤 모두 불태워 황무지로 만들어버렸다. 당송대 난징은 경제적으로 쇠락했지만 시인들의 발길이 끊이지 않았던 문화의 중심지였다.

"산은 옛 도읍을 에워싸고 성곽은 남아 있는데山圍故國周遭在/ 조수가 텅 빈 성으로 밀려오니 적막이 감돈다潮打空城寂寞回/ 회수 동쪽에 옛적 달이 떠올라淮水東邊舊時月/ 밤 깊어 성의 담장을 넘는구나夜深還過女墻來"라는 유우석劉禹錫의 시 「석두성石頭城」, "남조 때 지은 사백팔십 사찰엔南朝四百八十寺/ 수많은 누대들이 이슬비에 젖는구나多小樓臺煙雨中"라고 읊은 두목杜牧의 「강남춘江南春」 등이 모두 난징 일대의 옛 영화를 노래한 한시다.

1368년 정월, 거지와 승려로 전전하다 홍건적의 우두머리가 된 주원장이 근거지였던 응천應天의 이름을 난징으로 바꾸고 대명大明제국을 세웠다. 난징이란 이름의 시작이다. 북방의 사막으로 물러난 몽골족은 스스로를 여전히 북원北元이라 칭하며 호시탐탐 남하를 획책하고 있었다. 안보와 경제 사이에서 고심하던 주원장은 즉위 2년이 지나서야 비로소 난징을 수도로 확정했다.

"현재 난징은 천연의 해자인 창장강長江과 접해 있어 지세가 험하며, 강남의 형세가 아름다운 곳이니 실로 나라를 세우기에 족하다. (짐의 고향인) 임호臨濠(현 안후이성 평양)는 앞으로 창장강이 있고 뒤로는 화이허강淮河이 있어 험요함이 믿을 만하고, 수로를 통해 조운이 가능하니 짐은 중도中都로 삼기를 원한다." 이렇게 신하들의 동의를 얻은 주원장은 수도 건축의 규범에 맞춰 난징에 거대한 도성을 조성할 것을 명령했다.

1378년 정월, 난징은 경사京師로 이름을 바꾼다. 난징의 시대는 짧았다. 큰조카의 황위 계승에 반발한 주원장의 4남 주체朱棣가 쿠데타를 일으킨 것이다. 제위 찬탈에 성공한 영락제 주체는 1403년 자신의 아지트인 베이핑北平의 이름을 베이징으로 바꾼 뒤 도성 건축이 완료된 1420년 천도했다. 명나라 초기 난징의 성곽은 20여 년에 걸쳐 축조됐다. 내성 성곽의 둘레는 약 35.267킬로미터였다. 지금도 25.091킬로미터가 남아 있다. 내성에는 성문이 13개, 1만 3000여 개의 총안銃眼을 만들었다. 중국에 현존하는 도성 중 둘레가 가장 길다.

1595년 난징에 처음 도착한 마테오 리치는 "중국의 이 도시(난징)는 아름다움과 장엄함에서 세계의 모든 도시를 능가한다. 말 그대로 궁전과 사당, 탑, 다리 들로 가득차 있다. 이것들을 뛰어넘을 만한 건축들은 유럽에 없다"고 극찬했다. 1600년 베이징을 다녀온 뒤 남긴 기록에서도 "도시(베이징)의 규모, 건축 계획, 공공 건물과 성벽의 구조가 난징의 그것만 못하다"고 평가했다. 1400년 기준으로 난징의 인구는 48만 7000여 명. 당시 세계 최대 도시였다.

주원장은 난징의 동쪽에서 보랏빛 자태를 뽐내는 쯔진산紫金山(일명 종산鐘山)에 자신의 능을 조성했다. 명효릉明孝陵이다. 명효릉 앞에는 삼국지의 영웅 손권의 묘가 남아 있다. 중국에서 국부國父로 추앙받는 쑨원孫文의 거대한 중산릉은 명효릉 뒤 산 중턱에 웅장하게 자리잡고 있다.

## 중국식 민주의 시험장

난징 동쪽으로 펼쳐지는 창장강 삼각주는 대도시들이 밀집한 중국의 거대한 메갈로폴리스 지대다. 그중 상하이가 대외경제 중심도시라면 난징은 경제와 정치를 양수겸장한 도시다. 중국의 막강한 권력기구인 공산당 중앙조직부의 수장을 지낸 리위안차오李源潮현 중국 국가부주석이 정치적 도약의 기반을 닦은 곳이 바로 난징이다. 후진타오胡錦濤의 복심인 그는 2001년 11월 난징시 당서기에 취임했다. '녹색 난징' '서비스형 정부'를 제창해 민심을 얻은 뒤 난징을 민주의 시험장으로 바꿨다.

2010년 난징시 정부는 806개 농촌지역과 363개 도시지역의 기층 간부들을 '공추직선公推直選'을 통해 선발했다. '공추직선'은 공개·공동 추천과 직선제를 통해 기층 간부를 선발하는 제도로, 중국식 민주주의의 한 형태다. 2001년 쓰촨四川성에서 시작됐으며,

점차 확산되고 있다. 임명제를 선출제로 대체하는 초보적 방식이다. 민주·공개·경쟁 방식으로 능력과 소질이 있고 서비스 정신을 갖춘 관리를 선출한다는 취지다.

물론 아직 모든 국민이 모든 지방정부의 수장을 선거로 선출하는 단계는 아니다. 공산당원과 일부 군중만 참여할 수 있으며 향진鄉鎭(한국의 동, 면)급에 국한된다. 상급 정부는 여전히 공산당 조직부가 인사권을 장악해 임명한다. "기층 선거는 점진적이며 절차적이며 장기적인 개혁입니다. 하지만 더 중요한 것은 그것이 불가역적인 개혁이라는 점입니다." 중국공산당 중앙당교의 차이즈창蔡志強 교수는 난징발 기층 민주 실험의 의미를 이렇게 말한다.

중국의 민주는 서양식 민주와 다르다. 에이브러햄 링컨은 민주주의를 '국민의of the people, 民有, 국민에 의한by the people, 民治, 국민을 위한for the people, 民享 정치'라고 말했다. 중국은 다르다. 다당제와 직선제로 대표되는 절차의 민주는 서양의 민주며, 국민을 위한 정치가 중국식 민주라고 말한다. 난징발 민주 실험은 중국식 민주의 보완 시스템이다. 지금까지 실험은 성공적이라는 평가다. 중국 특색의 민주 실험은 아직 진행중이다.

뤄양

# 유목민과 농경민이 뒤엉켜 이룬
# **중화문명의 요람**

뿌리는 허뤄에 있다.

20년의 중국을 이해하려면 선전深圳, 200년은 상하이, 500년은 베이징, 1000년은 카이펑開封, 3000년은 시안으로 가봐야 한다는 이야기가 중국에 전한다. 장구한 5000년 역사의 중국을 알려면 단연 뤄양洛陽행을 꼽는다. 화려한 모란의 도시이자 9개 왕조의 수도였던 중화문명의 요람 뤄양으로 안내한다.

## 13억 중국인을 묶는 정신적 구심

뤄양은 뤄허강洛河의 북쪽에 위치한 도시라는 뜻이다. 뤄양시 남쪽에는 석굴로 유명한 룽먼산龍門山이, 북쪽에는 '살아서는 쑤저우·항저우, 죽어서는 북망生在蘇杭, 葬在北邙'으로 잘 알려진 베이망산北邙

山이 자리잡고 있다. 멀리 서쪽으로는 관중평원과 시안으로 통하는 한커우관函谷關, 동쪽으로는 사오린사로 유명한 오악五嶽의 하나인 쑹산嵩山이 나온다. 뤄양 북쪽으로는 중화문명의 젖줄 황허강이 가로지른다. 뤄양이 위치한 황허강과 뤄허강 사이의 땅을 허뤄河洛 지역이라 부른다. 고대 화華와 하夏라는 이름의 씨족부락이 있던 곳이다. 화하華夏는 중화中華로 이어져 13억 중국인을 묶는 정신적 구심이 되고 있다.

허뤄 지역은 한족의 요람이다. 부계사회가 진화해내려온 역사의 기록인 성씨가 그 증거다. 지금까지 한족의 성씨는 총 4820개로 알려져 있다. 그 가운데 120개 대성大姓이 한족 인구의 90.2퍼센트 (11억 7000만 명)를 차지한다. 허뤄 일대에 뿌리를 둔 성씨는 120개 성씨 중 52개(리李, 장張, 천陳 등), 허뤄에 일부 뿌리를 둔 성씨는 45개(왕王, 류劉, 자오趙 등)라고 한다. 뤄양 일대가 전체 한족의 79.49퍼센트에 해당하는 인구의 DNA가 발원한 뿌리인 셈이다. 멀리 타이완 사람들이 십시일반으로 돈을 모아 뤄양시 왕청王城 공원에 '뿌리는 허뤄에 있다根在河洛'는 대형 비석을 세운 이유도 뿌리를 찾고자 한 수구초심 때문이었다.

뤄양은 9조고도九朝古都다. 기원전 771년 동주東周의 수도가 된 이래 후한, 조조의 위나라 등을 거쳐 오대五代시대 후당까지 아홉 왕조의 수도였다. 하지만 현재 과거의 궁궐터나 성벽은 남아 있지 않다. 뤄양 동쪽 교외의 백마사白馬寺가 후한시대 중국에서 최초로 건립된 절로 불리나 지금 건물은 16세기 명왕조 때의 것이다.

뤄양은 흥미진진한 『동주열국지東周列國志』의 중심지였다. 하나라와 은나라가 모계씨족사회에서 부계씨족사회로 넘어가는 과도기였다면, 주나라는 종법제도를 내세워 부계 중심의 위계질서를 확립한 시기였다. 공자 이래 중국의 이상은 주나라 정치제도를 회복하는 것이었다. 뤄양시는 2003년 저우왕청周王城 광장을 조성하던 중 대규모 마차갱을 발굴했다. 여섯 마리 말이 끄는 마차 '천자 가륙天子駕六'이 출토되자 대형 동상과 함께 박물관을 세웠다. 뤄양 일대에서는 지금도 주나라 시기 제사 유적지를 발굴하고 있다. 유물 가운데 산 채로 제물로 바쳐진 사람의 유골도 적지 않다. 유교에서 칭송하는 주나라 예악제도의 실상이다.

## 중국인에게 관우＝재물신?

주대에 확립된 위계질서의 나라 중국에는 묘지에도 등급이 있다. 백성의 묘는 분墳, 귀족은 총塚, 황제는 능陵이다. 황제의 스승 격인 성인의 묘는 임林이다. 무덤가에 빼곡하게 나무를 심기 때문이다. 죽어서도 나무 그늘에서 시원하게 지내기를 바라는 중국인의 정성을 담았다. 임은 두 곳에 불과하다. 문성文聖인 공자의 무덤 공림孔林은 산둥성 취푸曲阜에 있다. 무성武聖으로 추앙받는 삼국지 관우의 목을 묻었다는 관림關林이 뤄양에 있다.

　　지금의 관림은 명나라 만력제가 이곳에 사당을 세우면서 조성됐고, 청나라 건륭제가 지금의 규모로 확장했다. 관림의 주요 건축물은 중축선을 따라 현판 '천추감千秋鑑'을 건 무루舞樓를 시작으로, 대문大門, 의문儀門, 용도甬道(벽돌길), 배전拜殿, 대전大殿, 이전二殿, 삼전三殿, 석방石坊, 팔각정八角亭, 관총關塚이 일렬로 이어진다. 의문을 지나면 황제 전용도로인 용도 좌우로 돌사자 104개가 관운장의 묘를 지키고 있다. 청나라 강희제가 세운 화려한 팔각정에는 '충의신무영우인용위현관성대제림忠義神武靈佑仁勇威顯關聖大帝林'이라는 어마어마한 칭호가 새겨진 비석이 있다. 청나라 도광제가 관우에게 바친 최고의 타이틀이다.

하지만 관우는 중국인에게 더이상 무신이 아니다. 돈을 가장 많이 잘 벌게 해주는 재신財神으로 변했다. 전문가들은 그 이유를 소금에서 찾는다. 관우의 고향인 산시山西성 셰저우解州는 유명한 내륙의 소금산지였다. 전국을 누비던 셰저우 소금상들은 향토영웅 관우상을 들고 다니며 재운을 빌었다. 평생 돈과 관계없었던 관우가 재신이 된 이유다. 지금도 매년 9월 29일이면 관림에서 국제행사가 열린다. 국내외 수많은 관제묘 관계자와 종친 조직이 모여 성대한 제사를 지낸다.

## 궁궐과 민가가 뒤섞인 뤄양의 도성

중국은 지금 수출에서 내수로 경제발전 방식의 '좐볜轉變(변화를 뜻함)'을 외치고 있다. 뤄양은 역사적으로 변화의 현장이었다. 우선 주인이 바뀌었다. 위·촉·오 삼국시대가 끝나자 북방의 유목민이 화북으로 밀려내려왔다. 한족은 고향 중원을 등지고 남으로 향했다. 전쟁과 분열의 시기 위진남북조魏晉南北朝시대가 시작됐다.

뤄양은 선비족이 세운 북위北魏의 두번째 수도다. 북위는 도무제 탁발규拓跋珪가 지금의 산시山西성 다퉁大同인 평성平城에서 건국했다. 6대 효문제가 뤄양으로 수도를 옮겼다. 할머니 문명태후의 '치마폭'에서 벗어나려는 몸부림이었다. 북위에는 '자귀모사子貴母死'라는 악습이 있었다. 황태자를 정하면 곧 생모를 죽여 외척의 정치 개입을 차단했다.

하지만 여권은 강했다. 4대 문성제의 황후 풍씨馮氏(문명황후)는 친자식을 낳지 않아 살아남았다. 465년 문성제가 죽자 태후로 승격됐다. 그녀는 490년 죽을 때까지 권력의 화신이었다. 여황제 측천무후의 선배와 같았다. 제위에 있던 헌문제와 효문제는 허수아비에 불과했다. 헌문제가 문명태후에게 반기를 들자 퇴위를 당할 정도였다. 영리한 효문제는 은인자중했다. 태후가 죽자 효문제는 남제南齊 정벌을 기치로 뤄양으로 진군한 뒤 그곳에 주저앉았다. 명목은 천도였지만 속내는 문명태후의 영향력에서 탈출하고자 함이었다.

천도 직후 효문제는 한족을 대거 등용하는 개혁을 단행한다. 더불어 호족胡族의 옷과 언어를 금지하고 선비족의 성씨를 바꿨다. 탁발을 원元씨, 독고獨孤는 유劉씨로 바꾸고 호적은 모두 뤄양으로 정했다. 황태자까지 아버지의 개혁에 반대했다. 그는 선비족 원로들과 평성으로 돌아가 쿠데타를 시도했다. 반란은 사전에 발각됐고 효문제는 친아들마저 극형으로 다스렸다.

효문제의 뤄양은 보편적인 한족의 도성과 달랐다. 궁궐과 민가가 뒤섞이고, 시장이 궁성의 뒤편에 자리잡지 않았다. 궁궐을 내성 최북단으로 배치했고 궁궐 뒤에는 대형 공터를 정원처럼 조성했다. 유사시 탈출하기 위해서였다. 뤄양에서 시작된 '북궁후정北宮後庭'으로 불리는 도시구조는 당나라 장안성에서 완성된다. 성곽 없이 천막에서 지내던 유목민족의 습성이 도시구조에 투영된 셈이다. 중국의 역사를 북방의 유목민족(호족)과 중원의 농경민족(한족)이 대결하고 융합하는 과정으로 보는 박한제 전 서울대 교수의 '호한체제론胡漢體制論'의 논거 중 하나가 효문제의 뤄양성이다. 유목민 선비족이 한족으로 바뀌는 '쫜벤'이 뤄양에서 이루어졌던 것이다.

뤄양에서는 종교의 '쫜벤'도 이루어졌다. 북위는 유교가 아닌 불교를 신봉했다. 탈유입불脫儒入佛이 이루어졌다. 북위는 전국적으로 승려가 300만 명, 사원이 2만여 곳에 이를 정도로 불교의 전성기였다. 뤄양의 룽먼석굴은 그 정수다. 시작은 효문제의 뤄양 천도였다. 10세기 초까지 뤄양 남쪽 이수이伊水 강변의 돌산에 대규모 조성사업이 이루어졌다. 이때 80만 명이 동원됐다. 석굴 전체의 길이가 1킬로미터, 부처를 새긴 굴이 1352개에 이른다. 정수는 675년 세워진 봉선사奉先寺다. 17.14미터 높이의 거대한 노사나

불로사나불盧舍那佛의 단아한 모습은 당나라 여황제 측천무후를 본떴다는 설이 전한다. 왼쪽의 천왕역사天王力士는 소원을 비는 이들의 손때로 정강이 아래는 새까맣게 변했다. 천왕역사는 멀리서 보면 몸의 비례가 맞지 않는 가분수다. 바로 밑으로 다가가 올려다보면 완전한 비례를 이룬다. 흥미로운 조각술이다.

## 뤄양의 숨겨진 명소

★ **하도낙서河圖洛書 유적** 신화 속 복희씨伏羲氏가 황허강에 떠내려오는 말의 얼굴을 한 악어의 등뼈에서 발견했다는 하도河圖가 뤄양에서 출토됐다. 복희씨는 하도를 연구해 주역과 태극, 팔괘를 만들었다. 뤄수이강洛水에서 낙서洛書가 적힌 신비로운 거북을 발견한 이는 신화 속 우禹임금이다. 우는 낙서를 가지고 천하를 다스리는 '홍범洪範'을 만들었다. 뤄양시 뤄푸洛浦공원에 조성된 하도낙서 역사문화광장에 하도낙서를 새긴 기념석이 서 있다.

★ **얼리터우二里頭 유적** 중국고고연구소가 1959년 발굴한 하夏나라 도성의 유적지다.

★ **멍진孟津** 주나라 무왕이 주지육림酒池肉林의 방탕한 폭압정치를 자행하던 은나라를 토벌하기 위해 군대를 일으켰다는 곳이다. 이곳에서 군사연습을 하고 800여 소국의 제후들을 불러모아 회맹會盟을 했다.

★ **한광무제릉漢光武帝陵** 보통 배산임수로 조성하는 황제릉과 다른 유일한 능이다. 황허강 쪽으로 머리를 두고 베이망산 쪽으로 발을 뻗었다. 이유는 지금까지 미스터리다.

★ **시위안西苑공원** 고구려를 침공한 수나라 양제煬帝의 개인 궁전인 현인궁顯仁宮의 부속공원. 수 양제는 뤄양을 동도東都로 삼고 현인궁 서쪽에 정원을 만들었는데 둘레가 200리에 이를 정도로 방대했다. 지금의 시위안공원은 수나라 당시에 비하면 한 점의 크기에 불과하다.

★ **톈진교天津橋** 수나라 때 세워졌다가 원나라 때 소실된 뤄허강의 다리다. 지금의 다리는 1921년 당시 군벌 우페이푸吳佩孚가 세웠다.

베이징(上)

# 안정을 갈망하는
# **황제의 계획도시**

"아홉 개의 문이 바르고 아홉 개의 거리가 곧아
도성이 한번 바로 서자
천하가 바로잡힘을 볼 수 있었다."
ㅡ연암 박지원

중화인민공화국의 수도는 베이징北京, 약칭은 징京이다. 한자 경京
의 본뜻은 인공으로 만든 언덕이다. 자연적인 언덕은 구邱다. 자연
이 배제된 인공의 언덕을 뜻하는 글자가 수도, 서울의 뜻이 됐다.
베이징은 전형적인 인공도시다. 하늘의 아들天子이라며 무소불위
의 절대권력을 휘둘렀던 황제들을 위한 도시 베이징의 어제와 오
늘로 안내한다.

## 『주역』의 풍수 이론에 따라 건설한 도시

베이징은 제왕의 땅이다. 과거 중국 왕조의 초대 황제들은 유명한
풍수전문가에게 자문해 군사 책략에 따라 도성을 결정했다. 베이

징성과 자금성은 풍수가들이 터를 잡고 정밀하고 세밀하게 모든
건물의 규모와 배치를 정했다. 중국 수도 건설의 지침은 『주역』의
풍수 이론과 『주례고공기周禮考工記』의 규정이었다. 수도는 황제의
도시이자 나라의 요지로 용맥龍脈이 흐르는 요충지다. 오행五行과
사상四象, 태양·태음·소양·소음에 따라 방위를 정하고, 건축 배치
의 정교함에 일체의 허점이 없어야 했다.

베이징은 지리적으로 전 중국의 목구멍에 위치한다. 북으로
옌산燕山산맥, 서쪽으로는 타이항太行산맥의 끝자락인 시산西山, 남
으로는 융딩강永定河, 동쪽으로는 차오바이강潮白河이 흐른다. 전체
적으로 베이징의 위치는 북쪽에 앉아 남쪽을 바라보며 서북은 산,
남쪽은 강, 동쪽은 발해만으로 통하는 제국의 도시帝都로서의 풍수
를 갖춘 지세가 빼어난 곳이다.

## 16개 거대한 문, 가장 많이 쓰인 글자는 '편안할 안安'

베이징 도성의 건물들은 황제로 대표되는 권력기구의 권력과 지
배의 정통성을 보여주는 장치였다. 연암 박지원은 청나라 여행기
『열하일기熱河日記』 중 「황도기략黃圖紀略」에 18세기 말 베이징의 위
용을 생생하게 묘사해놓았다. 당시 외국인으로 중화제국의 황제
를 만나기 위해 난생처음 베이징에 도착한 사절의 시점으로 기록
한 여행 가이드북인 셈이다. 베이징에서는 조선이나 일본에는 흔

한 자연지형을 이용한 요새는 찾을 수 없었다. 그 대신 기하학적인 직선을 따라 인공으로 지어진 성벽과 견고한 성문이 압도적인 위용을 드러냈다.

다음은 연암의 베이징 기록이다.

성의 주위는 40리인데 꼭 바둑판처럼 생겼다. 정남향은 정양正陽(내성의 정문)이요, 동남은 숭문崇文이요, 서남은 선무宣武요, 정동은 조양朝陽이요, 동북은 동직東直이요, 정서는 부성阜成이요, 서북은 서직西直이요, 북서는 덕승德勝이요, 북동은 정안定安 문이 서 있다(여기까지는 베이징 내성의 아홉 개 문이다).

성안에는 자금성이 있으니 주위는 17리인데 붉은 담장에 누런 유리기와를 덮었고, 문에서 서북쪽을 지안地安, 남쪽을 천안天安, 동쪽을 동안東安, 서쪽을 서안西安이라 부른다. 자금성 안은 곧 궁성이다. 정남은 태청문太淸門이요, 제2문은 곧 자금성의 톈안먼天安門이요, 제3문은 단문端門이요, 제4문은 오문午門이요, 제5문은 태화문太和門이며, 뒤는 건청문乾淸門이요, 건청의 북쪽은 신무神武요, 동쪽은 동화東華요, 서문은 서화西華다. 그리고 아홉 개의 문루門樓에는 모두 처마가 세 겹이요, 문마다 옹성甕城이 붙어 있으며, 옹성에는 모두 2층 적루敵樓가 있고, 쇠로 싼 관문이 성문과 마주보고 섰고, 좌우에는 편문便門이 함께 있다.

그 정남쪽 한 면은 외성外城이 되어 일곱 개 문을 세웠으니 제

도는 내성 아홉 문과 같다. 정남이 영정永定이요, 남쪽 왼편이 좌안左安이요, 오른편이 우안右安이요, 동쪽이 광거廣渠요, 서쪽이 광녕廣寧이요, 광거의 동쪽 모퉁이 문은 동편東便이요, 광녕의 서쪽 모퉁이 문을 서편西便이라 한다.

(자금성의 서북문인) 지안문 밖에는 고루鼓樓가 있고, 고루의 북편에는 종루鐘樓가 있다. 각루角樓가 여섯 개요, 수문水門이 세 개다. 성을 두른 못물은 (도성 서북쪽의) 옥천산玉泉山에서 발원해 고량교高梁橋를 지나 두 갈래로 흩어졌다. 한 갈래는 성 북쪽을 돌아 동쪽으로 꺾어 남으로 흐르고, 하나는 성의 서쪽을 돌아 남으로 꺾어 동으로 자금성에 들어 태액지太液池(지금의 중난하이中南海)가 되었고, 이 물은 아홉 문을 감돌아 아홉 개의 수문水門을 지나서 대통교大通橋에 이르는데, 동서 언덕은 모두 벽돌과 돌로 쌓았다. 아홉 문의 못도랑은 모두 큰 돌다리를 놓았다. 외성의 못물은 역시 옥천의 물이 갈라져 서각루西角樓에서 성을 감싸돌며 남으로 흘러서 또 동으로 꺾어 동각루東角樓까지 이르러 일곱 문을 거쳐 동으로 운하運河에 들어간다.

(중략)

바로 정양문을 나서 10리 밖 남교南郊에는 원구圜邱가 있고, (내성의 북동문인) 정안문 밖으로 곧장 10리를 가면 북교北郊가 되어 방택方澤이 있고, 조양문 밖을 줄곧 10리를 나가면 동교東郊가 되어 해가 여기서 뜨고, 부성문 밖으로 줄곧 10리를 나가면 서교西郊가 되어 달 지는 데가 여기다. 태묘太廟는 대궐의

왼쪽에 있고, 사직社稷은 대궐의 오른편에 있고, 육과六科는 단
문의 좌우에 있으며, 육부六部와 여러 관청은 태청문 밖 좌우
에 있다.

내가 이미 중국으로부터 돌아와 지난 곳을 회상할 때 모두 감
감해 마치 아침노을이 눈을 가리는 듯하고, 침침하기는 마치
넋을 잃은 새벽 꿈결인 듯싶어 남북의 방위를 바꾸기도 하고
명목과 실상이 헝클어지기도 했다. (중략) 대체로 황도皇都의
제도는 앞은 조정이요, 뒤는 시장, 왼편은 종묘宗廟, 오른편은
사직이요, 아홉 개의 문이 바르고 아홉 개의 거리가 곧아 도
성이 한번 바로 서자 천하가 바로잡힘을 볼 수 있었다.

연암의 기록과 같이 당시 베이징은 내성에 아홉 개의 문과 외
성에 일곱 개의 문이 있고 견고한 담으로 둘러싸인 거대한 성벽의
도시였다. 문의 이름에 가장 많이 들어간 글자는 편안할 안安 자였
다. 제국 주변의 안정을 그토록 갈망했던 황제의 심정을 엿볼 수
있다.

## 동쪽엔 부유한 상인들… 서쪽엔 황족·학자들

명청시대 베이징은 '사구성四九城'으로 불렸다. 아홉 개의 문, 동서
남북 네 구역으로 나뉨을 표현한 말이다. 여기에 '동부서귀, 남천

북빈東富西貴. 南賤北貧'이라는 말이 유행했다. 성안 동쪽에는 각종 창고가 많았다. 성의 동쪽 교외지역인 퉁저우通州는 대운하의 종착지였다. 강남에서 올라온 식량과 각종 물산이 동쪽의 창고에 저장됐다. 자연스레 부유한 상인들이 이곳에 모여 살았다. 부유한 동쪽의 유래다. 서쪽에는 청나라 황제의 아들이나 형제들이 거주하던 친왕부親王府가 밀집해 있었다. 인공호수가 조성돼 풍광이 뛰어났기 때문이다.

여기에 『사고전서四庫全書』를 편찬하기 위해 전국에서 올라온 일류 학자들이 서쪽에 모여 살았다. 권력과 학식을 가진 귀인들 덕에 '서귀西貴'가 됐다. 청대 내성 안에는 만주족 특유의 군단 편성 조직인 팔기八旗들만이 거주할 수 있었다. 팔기는 깃발의 빛깔에 따라 여덟 개의 조직으로 구성되었는데 황, 백, 홍, 남 등 네 가지 색깔에 가장자리에 테두리가 없는 사각형 모양의 정正과 테두리를 두른 오각형 모양의 양鑲으로 나뉘었다.

한인漢人들은 외성에 모여 살았다. 숭문문 남쪽에는 수공업자들이, 선무문 밖에는 각급 관원들이 많이 살았다. 이들은 일반 백성보다는 지위가 높았지만 만주 귀족들에게는 비할 바가 못 됐다. 천한 남쪽은 만주족의 민족 분리 거주 정책을 보여주는 사례다. 성의 북쪽은 상업지역과 멀리 떨어져 있었고 교통도 불편했다. 돈 많고 권세 있는 분들이 살 곳이 못 됐다. 자연스레 몰락한 하층 만주족 팔기들이 이곳으로 밀려났다. 가난한 북쪽은 하층 만주 기인들의 집단 거주지를 부르는 말이었다.

청나라가 망하고 난 뒤 신화문新華門, 화평문和平門, 건국문建國門, 부흥문復興門 등 네 개의 문이 새로 들어섰다. 신화문은 황성에서 내성으로 나가는 문으로 톈안먼 서쪽에 세워졌다. 현재의 중국 정부인 국무원 정문이다. 화평문은 1926년 지어졌다. 당시 신화가新華街 주변에 살던 주민들이 내성을 드나들기가 불편하다며 성벽을 뚫어 문을 내줄 것을 요구했다. 위안스카이袁世凱는 정양문과 선무문 사이에 문을 내도록 지시했다.

하지만 첸먼前門 주변 상인들은 통행객이 줄어들 것을 염려해 풍수쟁이를 부추겨 성문을 새로 만들면 왕기王氣가 새어나갈 것이라는 소문을 퍼뜨렸다. 황제 등극을 노리던 위안스카이는 소문을 듣자 그 계획을 취소했다. 위안스카이 사후 북양 정부를 장악한 군벌 펑위샹馮玉祥이 이곳에 두 개의 아치형 구멍을 뚫었다. 바로 화평문이다.

건국문과 부흥문은 1939년 일본군이 만들었다. 그들은 베이징의 서쪽 교외에 조성한 일본군 주둔지와 성 동쪽에 조성한 공업 중심지를 연결하는 도시계획을 수립했다. 이 두 지역을 직선으로 연결하는 도로가 지금의 창안가長安街다. 창안가를 가로막는 내성 성벽에는 동쪽에 계명문啓明門(지금의 건국문), 서쪽에 장안문長安門(지금의 부흥문)을 세웠다. 청대와 같이 화려한 성루의 문을 세우지는 않았다. 단순히 성벽에 구멍을 뚫는 방식이었다. 지금 베이징에 성벽과 성문은 거의 모두 자취를 감췄다. 왜 사라진 것일까?

# 제왕의 땅에서
# **권모술수의 요람으로**

베이징 여행의 묘미는
중국식 권력과 정치의 향내를 얼마나 맡느냐에 달려 있다.

전통시대 베이징은 성과 문, 담의 도시였다. 하지만 오늘날 베이징을 찾는 관광객들은 과거의 성곽과 문을 찾아보기 힘들다. 베이핑北平에서 베이징으로 탈바꿈하는 과정에서 자취를 감췄기 때문이다. '새로운 황제'로 불리는 마오쩌둥의 중화인민공화국 수도 건설 과정에서다. 신중국의 수도 베이징의 탄생과 현재의 모습을 살펴본다.

### **44개 성문, 23킬로미터 내성, 14킬로미터 외성은 어디로 갔나**

신해혁명으로 '제경帝京' 베이징 시대는 끝났다. 쑨원은 1912년 1월 1일 새로운 수도 난징에서 중화민국 임시정부의 성립을 선포

했다. 하지만 신해혁명의 과실은 위안스카이가 앗아갔다. 그는 베이징을 떠나지 않았다. 베이징은 북양군벌 정부의 소재지가 됐다. 1928년 북벌에 성공한 장제스는 난징을 수도로 국민당 정부를 세웠다. 그때까지의 베이징은 '구경舊京' 혹은 '라오베이징老北京'으로 불렸다.

천하에 수도京는 하나다. 1949년 10월 1일 중화인민공화국이 수립될 때까지 베이징은 정치의 중심에서 멀어진 채 쇠락한 북방의 고도古都 베이핑으로 전락했다. 1908년 베이징 성안에 거주하던 인구는 70만 5000명이었다. 봉록만으로 생활하는 사람이 전체 인구의 40퍼센트인 28만 명에 이르렀다. 생산 기능은 없는 거대한 소비도시였다.

1948년 가을 국공내전이 격화됐다. 린뱌오林彪가 이끄는 70만 동북야전군은 랴오선遼瀋전투에서 승리해 동북지방을 해방시켰다. 린뱌오는 녜룽전聶榮臻의 화북야전군과 함께 100만 병력을 이끌고 베이핑과 톈진天津으로 밀고 내려왔다. 국민당 푸쭤이傅作義 장군이 베이핑 성안에서 50만 병력으로 맞섰다.

문화계 인사들이 연일 푸 장군을 찾았다. 제국의 수많은 문화재를 포화로부터 지켜줄 것을 부탁했다. 근대사상가 량치차오梁啓超의 아들이자 칭화대 건축학부 학부장인 량쓰청梁思成도 그중 한 명이었다. 고심을 거듭하던 푸 장군은 장제스를 버리고 1949년 1월 22일 공산당에 투항했다. 마오쩌둥이 푸쭤이 장군을 만나 "당신은 베이징의 큰 공신이다. 마땅히 천단天壇만한 큰 상을 줘야겠다"라고 말했다. 푸 장군은 이후 신중국에서 20년간 수리부水利部 장관을 지냈다.

　신중국이 세워진 후 베이징은 요遼, 금金, 원元, 명·청 왕조에 이어 다섯번째로 대규모 수도 건설 작업에 들어갔다. 량쓰청은 신 베이징 도시 건설의 기획자가 됐다. 량과 같이 영국 유학파 건축가 천잔샹陳占祥도 합류했다. 1950년 베이징성 서쪽에 60만 인구를 수용하는 새로운 행정중심도시를 만들고, 보전된 옛 성과 연결하자는 '량천법안梁陳法案'을 제출했다. 량쓰청은 제2차 세계대전 말기 일본의 고도 나라奈良와 교토의 보호 문물 리스트를 미국에 제출해 폭격으로부터 지켜낸 경험이 있었다. 그는 행정중심 신도시 건설의 사례로 미국의 수도 워싱턴시를 들었다. 베이징 성벽에는 입체적인 '공중정원'을 조성하자고 제안했다.

　한편 사회주의 선진국 소련에서 한 무리의 도시계획 전문가들이 날아왔다. 그들은 국가급 행사, 군사 퍼레이드, 인민들의 행진이 이루어져야 할 톈안먼 광장을 중심으로 수도를 조성하고, 4퍼센트에 불과한 베이징 노동자 계급을 모스크바 수준인 25퍼센트까지 늘리기 위한 공업시설 건설을 제안했다. 1930년대 크렘린궁을 중심으로 환상環狀으로 뻗어나가는 모스크바 방식의 사회주의 수도 건설을 제안한 것이다.

　베이징의 재건을 주장한 소련 '해체파'는 량쓰청을 위시한 '보호파'에 '자산계급 사상' '봉건 사상'이라는 낙인을 찍었다. 당시 베이징 시장이던 녜룽전이 마오쩌둥에게 베이징 성곽을 해체할 것

베

이

징

下

인지 보존할 것인지 의사를 물었다. 마오는 공식적으로 답하지 않았다. 그 대신 1953년 8월 '당내의 자산계급 사상에 반대한다'는 문건을 발표했다. 사실상의 베이징성 해체 지시였다.

1954년 지안문地安門을 시작으로 성문과 성벽 해체가 시작됐다. 량쓰청은 당시 자금성 북쪽의 징산景山 12개와 맞먹는 1100만 톤에 이르는 성벽의 체적 때문에 완전 해체까지 83년이 걸릴 것으로 예상했다. 이 해체에 필요한 노동력을 다른 생산적인 곳에 쓰자고 주장했다. 하지만 1960년대 문화대혁명이 시작되자 그의 예측은 보기 좋게 빗나갔다. 인해전술로 밀어붙이는 마오쩌둥식 '인민전쟁'의 위력에 5~6년 만에 베이징성은 흔적도 없이 사라졌다. 정양문과 덕승문의 전루箭樓와 동남각루 세 개만 남기고 44개의 성문이 사라졌다. 둘레 23킬로미터의 내성과 14킬로미터의 외성, 9킬로미터의 황성은 사라지고 그 대신 순환도로인 2환과 입체교차로가 들어섰다.

## 덩샤오핑 이후 국제도시로 재편

신중국은 사회주의 건설 노선에 따라 베이징을 직장과 거주지가 통합된 단위單位조직으로 재편성했다. 작은 골목을 뜻하는 후통胡同은 쇠락하고, 그 대신 높은 벽 너머로 조성된 중국 특색의 커뮤니티인 '다위안大院'이 들어섰다. 당, 정부, 군 소속의 각종 지휘 기관이나 대학, 연구소, 병원, 국유기업 같은 기관들은 자신만의 다위안을 만들었다. 각 다위안 안에는 수천 명에서 수만 명에 이르는 구성원들이 거주했다.

강당, 목욕탕, 학교, 우체국 등 생활에 필요한 거의 모든 편의시설을 갖춘 작은 도시가 속속 생겨났다. 화장장만 빼면 다위안 안에 없는 것이 없다는 말이 돌 정도였다. 사회주의가 완성되고 복지의 천국이 도래한 듯했다. 중국의 다른 대도시들에도 국가 기관들의 다위안이 만들어졌다. 하지만 베이징처럼 커다란 다위안이 밀집해 있는 도시는 다른 어느 도시도 모방하지 못했다.

개혁과 개방을 모토로 등장한 덩샤오핑은 마오의 베이징을 탈바꿈시켰다. 여기에 국제화 물결이 밀려들었다. 우선 톈안먼을 가로지르는 베이징의 현대적 중축선인 창안가 동쪽 건국문 밖에 CBD<sup>Central Business District</sup> 지역이 조성됐다. 4제곱킬로미터의 면적에 중국중앙방송 신청사와 국제무역센터를 비롯해 150~300미터 높이의 마천루가 들어섰다. 베이징의 맨해튼이 조성된 것이다. 『포춘』 500에 드는 세계적 대기업 가운데 60여 사가 이곳에 진출했다. 다음으로 창안가 서쪽에는 금융가가 조성됐다. 재정부와 중앙은행인 런민은행을 위시해 은행·증권·보험업 감독관리위원회와 각종 금융회사가 이곳으로 몰려들었다. 원나라 시절 '금융방坊'으로 불리며 베이징 금융활동의 중심지였던 곳이 새롭게 재탄생한 것이다.

도심 서북쪽에는 베이징의 실리콘밸리로 불리는 중관춘中關

村이 들어섰다. 베이징대, 칭화대, 런민대를 비롯해 중국과학원과 기업들의 연구개발R&D 센터가 자리잡았다. 한국의 용산과 같은 전자상가도 생겨났다. 베이징의 역사적 중축선인 용맥龍脈 정북쪽에는 냐오차오鳥巢(새 둥지)로 불리는 2008년 베이징 올림픽 주경기장과 국가수영장 수이리팡水立方을 위시한 올림픽 공원이 자리잡았다. 올림픽을 기점으로 국제도시 베이징으로 비약하려는 그들의 꿈을 실현한 것이다.

## 지방정부 연락사무소인 주징판, 비리·접대의 상징

청나라 때 베이징에서 과거시험이 열리면 매번 1만 명의 응시자가 몰려들었다. 이들은 내성 바깥, 특히 선무문 남쪽에 밀집한 회관會館으로 모여들었다. 회관은 출세해 경관京官이 된 관리가 자신의 고향에서 상경한 선비들을 위해 만든 숙박시설이다. 중화민국 초기 400여 개에 이르렀다.

　　현재 당시 회관의 기능을 하는 곳이 주징판駐京辦이다. 베이징 중앙정부의 동태를 살피고 중앙과 관련된 업무를 수월하게 처리하기 위해 각 지방정부와 기업들이 설치한 베이징 주재 연락사무실이다. 사무실과 호텔급 숙소를 겸비하고 있으며 약 5000곳으로 추정된다. 전체 주징판이 한 해에 쓰는 돈은 약 100억 위안(1조 8000억 원)으로 추정된다. 그 10배를 쓴다는 설도 있다. 공산당은 비리와 접대의 온상이 된 주징판 개혁에 수차례 나섰지만 아직 성과를 거뒀다는 소식은 들리지 않는다.

베이징은 단순한 관광도시가 아니다. 권력과 모략이 넘실거리는 권모술수의 요람이다. 한국인들은 '중앙' 하면 좌우의 중심을 생각한다. 중국인들에게 '중앙'은 지방 위에 군림하는 권력의 중심을 뜻한다. 세계 '중앙의 나라' 중국의 수도 베이징은 권위주의와 경제발전을 결합한 성장모델인 '베이징 컨센서스'의 본산이 됐다. 베이징 사람만이 중국의 표준어로 인정되는 말을 할 수 있고, 황제의 황궁과 제단을 공원으로 삼을 수 있다. 황제의 도시, 주징판의 도시, 세계의 중심으로 비약하는 베이징 여행의 묘미는 중국식 권력과 정치의 향내를 얼마나 맡느냐에 달려 있다.

베이징(下)

# 시후호, 백거이·소동파를
# **노래하게 하다**

시후호를 서시와 비교하면,
옅은 화장 짙은 분이라 하면 서로 맞겠네.
_소동파

중국 청나라 때의 소설 『재생연再生緣』과 우리에게도 익숙한 중국의
민간전설 『백사전白蛇傳』은 항저우杭州와 관계가 깊다. 『재생연』의
여류작가 진단생陳端生, 1751~1796의 고택이 항저우 시후호西湖 동쪽
호반에 자리잡은 구산초사勾山樵舍다. 『백사전』의 애절한 사랑 이야
기는 시후호 옆에 위치한 뇌봉탑雷峰塔에 깃들어 있다. 문학의 도시
항저우로 떠나보자.

**『홍루몽』에 버금가는 『재생연』 작가의 고향**

『재생연』은 요즘으로 치면 판타지 로맨스 소설이다. 저승에 간 부
부가 옥황상제에게 이승에서 못다 이룬 사랑을 호소한다. 상제는

남자를 황보소화로, 여자를 맹려군으로 태어나게 한다. 시대 배경은 송나라에서 원나라로 넘어갈 때로 고려(소설에서는 조선)가 중국을 공격하는 상황이 설정된다. 황보소화는 고려를 무찌른 공으로 충효왕에 봉해지고, 맹려군은 남장을 한 뒤 장원급제해 승상의 자리까지 오른다. 우여곡절 끝에 소화와 려군이 부부가 된다는 이 소설은 조선으로 건너와 『재생연전』이라는 제목으로 국역된다. 그리고 규방의 여인들 사이에서 이 책은 베스트셀러가 됐다. 또 『숙영낭자전』이라는 번안소설로 각색돼 오늘에 전한다.

　『재생연』원작은 총 20권 40회로 구성되었는데, 진단생이 『재생연』 전반부를 20세 때 쓰고, 후반부를 같은 시대 다른 작가가 쓴 것으로 전해진다. 『재생연』은 후대에 와서도 많은 사람들을 매료시키는데, 말년에 눈이 먼 국학대사國學大師 천인커陳寅恪, 1890~1969는 여조교가 읽어주는 이 소설을 듣고 진단생의 인생에 사로잡힌다. 이후 석 달 만에 『논재생연』을 써내려갔다. 신중국의 부총리를 지낸 문학가 겸 사학자인 궈모뤄郭沫若, 1892~1978도 진단생은 '확실히 천재적인 작가'이며 '남연북몽南緣北夢(남방의 『재생연』, 북방의 『홍루몽』)'이라며 『재생연』을 『홍루몽』에 비견할 만한 작품으로 평가했다. 궈모뤄는 1961년 진단생이 태어난 항저우의 구산초사 유적지를 찾아 "초사는 여전히 구산에 있지만 그 사람은 다시 만날 길이 없도다樵舍句山在,伊人不可逢"라는 시를 지었다. 방치되던 구산초사는 아쉽게도 2010년 화재로 소실됐다. 『재생연』은 '맹려군'이라는 제목으로 각색돼 경극과 영화, 드라마로 큰 인기를 끌었다.

## 문장가들의 놀이터, 러브 스토리의 고향

항저우는 사랑의 도시다. 애절한 러브 스토리의 고향이다. 물산이 풍부한 강남의 중심 항저우는 문장가들의 놀이터로 손색이 없었다. 여유는 낭만을 불렀다. 낭만의 정수는 애절한 사랑 이야기다. 그 백미는 『백사전』이다. 하얀 뱀 백사는 항저우 시후호 속에서 500년 동안 수행한 끝에 여자가 된다. 이름은 백소정白素貞, 순결한 백옥의 여인이란 뜻이다. 그녀 곁에는 푸른 뱀에서 변신한 소청小靑이라는 하녀가 있다.

　　백소정은 시후호의 단교斷橋에서 놀러나온 서생 허선許仙을 처음 만난다. 마침 비가 내리고, 허선이 미모의 백소정에게 우산을 빌려주면서 사랑이 싹튼다. 백소정은 우산을 돌려주겠다며 허선의 거처를 묻는다. 둘은 사랑을 이루어 결혼에까지 이른다. 이때 중국의 고스트버스터 격인 법해선사法海禪師가 등장해 허선에게 아내의 정체를 알려준다. 허선은 단오절에 아내 백소정에게 법해선사가 준 약이 든 술을 권한다. 허선의 아이를 잉태하고 있던 백소정은 그간 숨겨온 정체가 드러난다. 아내의 실체를 목격한 허선은 기절해 숨을 거둔다.

　　백소정은 목숨을 걸고 신선초를 구해와 남편을 살려낸다. 되살아난 허선은 고민에 빠지고, 법해는 그를 금산사로 데려간다. 남편을 찾으려는 백소정은 법해와 무공 대결을 펼치나 패하고 만다. 출산이 임박한 백소정은 시후호 단교에서 허선을 다시 만나

그의 배신을 원망한다. 이때 법해가 다시 나타나 법력으로 백소정을 뱀으로 돌려놓은 뒤 뇌봉탑 아래에 가두어버린다. 백소정과 허선의 사랑은 비극으로 막을 내린다.

중국판 『로미오와 줄리엣』인 『양산백梁山伯과 축영대祝英臺』의 배경도 항저우 시후호다. 축영대는 귀족 가문의 말괄량이다. 그녀의 부모는 축영대를 시집보내기 위해 남자로 변장시켜 서원에 입학시킨다. 축영대는 서원에서 양산백을 만나 함께 공부한다. 부모의 갑작스러운 호출을 받은 축영대가 떠나게 되고 양산백은 그제야 축영대가 여자임을 깨닫고는 미래를 약속한다. 하지만 축영대는 부모의 뜻대로 다른 귀족 집안에 출가하게 되며 이를 안 양산백은 상심해 병으로 죽는다.

혼례길에 연인의 죽음을 알게 된 축영대는 양산백의 무덤을 찾는다. 바로 그때 양산백의 무덤이 갈라지더니 축영대는 무덤 속으로 빨려들어간다. 둘의 영혼은 나비가 되어 결국 사랑을 이룬다. 이들이 만난 곳이 항저우의 만송서원萬松書院이고, 헤어진 곳이 시후호 동남변의 장교長橋다. 양산백과 축영대 커플이 차마 헤어지지 못해 서로 배웅하기를 열여덟 번 반복했다는 곳이다. 지금도 선남선녀들은 밸런타인데이에 이곳을 찾는다. 사랑의 도시 항저우의 아이콘인 셈이다.

오늘날 항저우 관광객의 필수 코스는 '인샹시후印象西湖' 관람이다. "항저우에 와서 시후호를 보지 않으면 능히 항저우에 왔다고 할 수 없고, 시후호를 보고 '인샹시후'를 보지 않으면 시후호를

보았다고 할 수 없다"는 말까지 나왔다. 2008년 베이징 올림픽 개막식을 총연출한 영화감독 장이머우가 2008년부터 시작한 초대형 수상 버라이어티쇼다. 『백사전』을 모티프로 해 시후호를 무대로 만남-사랑-이별-추억-인상 다섯 챕터로 펼쳐지는 사랑의 세레나데는 매일 밤 한두 차례씩 펼쳐진다.

시후호에는 세 개의 제방이 있다. 백제白堤와 소제蘇堤, 그리고 소제를 증축한 양공제楊公堤가 호수를 가른다. 백제는 당 현종과 양귀비의 사랑을 읊은 「장한가」의 시인 백거이가 항저우 자사로 부임해 축성했다고 전하지만 근거는 빈약하다. 백제에 놓인 아치형 다리 단교에 눈이 쌓인 '단교잔설斷橋殘雪'은 서호(시후호) 10경 중 하나다. 백거이는 각별한 아내 사랑으로도 유명하다. 아내 양씨에게 바친 「증내贈內」는 소박하고 행복한 삶을 그리며 청렴한 관료로 살겠다는 다짐과 안빈낙도의 가치관이 어우러진 시다. 항저우에서 백거이는 "푸른 버드나무 그늘 아래 백사장 둑길綠楊蔭里白沙堤"이라는 시구가 들어간 「전당호춘행錢塘湖春行」을 지었다. 사랑의 시인 백거이는 수양버들 하늘거리는 시후호에서 시를 읊조리며 산책하기를 즐겼다.

소제는 송나라의 문인 소동파蘇東坡, 1037~1101가 쌓았다. "출렁이는 물빛이라 맑은 날이 좋더니, 산색이 자욱한 게 비 또한 기이하다. 시후호를 서시와 비교하면, 옅은 화장 짙은 분이라 하면 서로 맞겠네水光瀲艶晴方好, 山色空濛雨亦奇. 欲把西湖比西子, 淡粧濃抹恩相宜"라고 노래한 「시후호에서 술 마시는데 비가 내리다吟湖上初晴後雨」라는 시는 시후호를 묘사한 대표적인 시다. 시후호라는 이름이 서쪽의 호수가 아닌 미인 서시西施와 견줄 만큼 아름다워서 붙었다는 설은 이때부터 정설이 됐다. 봄날 아침녘 자욱한 안개 속에서 버드나무 가지 날리는 '소제춘효蘇堤春曉'는 서호 10경의 첫째로 친다.

## 상성商聖 호설암의 뒤를 이은 후예들의 요람

항저우에는 '상성商聖'으로 불리는 호설암胡雪巖, 1823~1885의 옛집이 남아 있다. 호설암은 청나라 말기 절강순무 왕유령王有齡, 민절총독 좌종당左宗棠과의 각별한 '관시關係(관계)'를 이용해 막대한 부를 쌓았다. 태평천국의 난 속에서 금융업과 무역업을 독점했다. 양곡과 군수물자를 관장하는 정부 요직까지 맡아 '홍정상인紅頂商人'이라 불렸다. 요즘으로 치면 장관 겸 기업 CEO였던 셈이다. 그의 항저우 집은 당시 강남 제일의 호화저택으로 사치의 극치를 보였다.

항저우가 중심인 저장성은 민영기업의 요람이자 천국이다. 중국 드링크 시장의 1위 업체인 와하하의 쭝칭허우宗慶後 회장, 전자상거래 강자 알리바바의 마윈馬雲 회장은 대표적인 호설암의 후예들이다. 2012년 중국 500대 민영기업 중 142곳이 저장성에 본사를 두고 있다. 민영기업 서밋(정상회의)은 해마다 항저우에서 열리고 있다.

저장성에는 항저우 이외에도 항저우의 배후 상업도시인 타이저우台州, 이우義烏와 동부 연안의 닝보寧波, 원저우溫州 등 굵직한 개항장을 무대로 여러 상인집단이 활약했다. 이들이 중국의 유대인으로 불리는 저장상방浙江商幫이다. 개혁개방 이후 저장상방은 민영기업군을 이끌며 중국 경제에 새로운 피를 공급했다. 저장상인들의 성공 비결로는 '사천정신四千精神'을 내세운다. 즉 온갖 곳을 다 다닌다走遍千山萬水, 온갖 말을 다 해 설득한다道盡千言萬語, 온갖 아이디어를 다 쥐어짠다想盡千方百計, 온갖 고생은 다 한다吃盡千辛萬苦는 정신무장법이다.

항저우는 중국의 5세대 최고지도자 시진핑 국가주석이 2002년부터 2007년까지 저장성 당서기로 일했던 근무지다. 시 주석은 근무기간 동안 '평안平安·법치法治·녹색저장綠色浙江'을 모토로 국내총생산GDP을 연평균 14퍼센트 성장시켰다. 이 실적을 기반으로 그는 이후 상하이 당서기를 거쳐 2008년 공산당 상무위원회에 진입할 수 있었다.

시 주석은 저장성 당서기 시절 대한민국 임시정부 항저우 청사의 복원을 승인했다. 2007년 항저우 시후호변에 복원된 임시정부 청사는 김구 선생을 비롯한 임시정부 요인들이 1932년부터 1935년까지 머물던 곳이다.

# 인천 닭 울음소리 들리는 곳에서
## 관중과 공자를 만나다

"공께서 제나라를 다스리려면 저로 충분합니다.
하지만 패자가 되려 하신다면 관중을 잡아야 합니다."
_포숙

전설 속의 명군 순舜임금이 왕위에 오르기 전 농사를 지었다는 곳.
중국을 대표하는 월드스타 궁리, 미디어황제 루퍼트 머독의 청문
회에서 강스파이크로 남편을 보호했던 웬디 덩鄧文迪의 고향. 인천
의 닭 우는 소리가 들릴 정도로 한국과 가깝다는 산둥성의 중심 지
난濟南시 일대로 떠나보자.

### 조조가 패업의 기초를 쌓았던 샘의 도시

지난은 '샘의 도시泉城'다. "집집마다 샘물이 솟고, 대문마다 수양
버들家家泉水. 戶戶垂楊"이라는 말처럼 샘과 버들의 고향이다. 남순에
나선 청나라 건륭제는 지난의 표돌천趵突泉에 이르러 샘물을 떠서

차를 끓여 마신 뒤 그 물맛에 반해 '천하제일천天下第一泉'이라는 칭호를 내렸다.

중국에는 네 개의 신성한 강이 있으니 이를 사독四瀆이라 불렀다. 강江(창장강)·하河(황허강)·회淮(화이수이강)·제濟(지수이강)이다. 지수이강濟水은 허난성 지위안濟源에서 발원해 산둥성을 지나 발해만으로 흘러들어갔다. 청나라 함풍咸豊 6년(1856) 황허강이 하류의 둑이 터지면서 강줄기를 북쪽으로 크게 틀었다. 이로부터 황허강은 지수이강과 합쳐졌다.

중화문명의 양대 아이콘인 황허강과 태산의 사이에 위치해 그 정기를 받아들인 지난시는 산둥성의 중심도시다. 멀리로는 신석기시대 다원커우大汶口문화와 검은 도자기黑陶를 특징으로 하는 룽산龍山문화의 무대였다. 도시로서의 지난은 2600여 년의 역사를 자랑한다. 진시황이 군현제를 확립할 당시에는 제북군濟北郡에 속했다. 한漢나라 초기 지수이강의 남쪽에 제남군濟南郡을 설치하면서 지난이라는 이름을 얻었다. 당시 제남군의 치소治所는 현재 지난시의 장추章丘 일대였다. 삼국지의 영웅 조조도 지난과 인연이 깊다. 그의 둘째 부인 변卞씨가 지난 출신이다. 조조는 지난에서 황건적을 일망타진하는 공을 세웠다. 이에 제남군의 승상에 임명되면서 훗날 패업의 기초를 쌓았다.

위진남북조 시기 지난은 전란의 중심지였다. 중원의 한족이 북방의 이민족에게 도살당하면서 남으로 대량 이주를 감행한 진晉나라 영가永嘉, 307~312 연간에 제남군의 중심은 장추 일대에서 첸

포산千佛山이 위치한 리청歷城으로 옮겼다. 수당시대 지난은 불교의 중심지로 번성했다. 강남에 못지않게 경제적으로 흥성하던 지난은 북송 말 여진족이 남하해 지방정권을 세우면서 다시 전란에 휩싸였다. 금나라가 건국한 뒤 지난은 부府로 승격됐다. 곧 도시 북쪽에 소청하小淸河를 파 바다와 교통로가 뚫리면서 소금 집산지로 발전했다. 원대에는 천하의 문장가들이 지난에 모여들었다. 지난은 곧 문향文鄕으로 이름을 떨쳤다.

명청대 지난은 산둥성의 성도省都가 됐다. 1840년 아편전쟁부터 서구 제국주의 열강의 침입이 시작되면서 지난은 독일군의 군화에 짓밟혔다. '천하의화권 흥청멸양天下義和拳 興淸滅洋'의 구호를 내건 의화단 항쟁이 발발했다. 청나라가 무너지고 민국시대에 들어선 이후 1929년 지난시가 설립되면서 지금에 이른다. 1928년 5월 3일에는 일본 제국주의 세력이 '지난사건'을 일으켜 대규모 학살을 자행했던 아픔의 도시이기도 하다.

## 2600년 역사, 관중이 번영의 기반을 닦다

지난 일대는 중국 인문 유산의 보고인 제노齊魯 문화의 요람이다. 제나라는 주나라 무왕이 강태공에게 봉토로 내린 땅이다. 이후 환공이 관중管仲을 등용하면서 춘추시대 첫 패권국이 됐다. 중국 역사상 최고의 재상으로 불리는 강태공과 관중의 묘와 사당은 모두

지난시 동쪽 120킬로미터 옆에 자리한, 제나라의 수도였던 린쯔臨
淄에 조성돼 있다.

현재 산둥성의 인구는 9637만여 명(2012년판 중국통계연감 기
준)으로 중국에서 광둥廣東에 이어 둘째로 많다. 고대 역사서『국어
國語』에 따르면 춘추오패의 첫 주자 환공의 치세에 이미 제나라의
인구는 250만 명이 넘었다. 당시 가장 큰 대국이었다. 태산의 웅
장함과 평원의 광대함을 겸비한 린쯔는 혁명적인 재상의 기상이
숨어 있는 땅이다. 이곳에서 병법의 대가 손무孫武와 손빈孫臏이 활
약했다. 현재 남아 있는 린쯔 제국고성齊國古城의 성곽은 둘레 21킬
로미터로 당시 7만 호가 거주했다. 당대 최고로 번성한 도시였다.
번영의 기반은 관중이 닦았다.

관중의 성공 비결은 그의 정치철학을 정리한『관자管子』「입정
立政편」에서 엿볼 수 있다.

> 군주가 살펴야 할 것은 세 가지다君之所審者三
> 하나는 덕이 그 사람의 지위와 맞는지一曰德不當其位
> 둘은 공이 녹봉과 맞는지二曰功不當其祿
> 셋은 능력이 그 자리에 맞는지 살피는 것이다三曰能不當其官

요즘식으로 바꾸면 능력 인사, 공개 인사, 업적주의다. 관중
은 이 세 가지 인사 원칙에 따라 정치를 펼쳤고 성공했다. 관중은
전국을 9만 가구로 꾸린 다섯 개의 속屬으로 나누고 각각 대부에게

정치를 맡겼다. 농작물 수확이 적은 속은 우두머리에게 책임을 물었다. 단, 한 번은 너그러이 봐주었다. 세 번 계속될 때에만 처벌했다. 관중식 책임정치다.

　　제 환공은 즉위 과정에서 경쟁자 규糾를 모시던 관중의 화살을 맞았다. 환공은 자신을 화살로 쏘아 죽이려 했던 관중을 재상으로 등용했다. 포숙鮑叔의 한마디가 결정적이었다. "공께서 제나라를 다스리려면 저로 충분합니다. 하지만 패자가 되려 하신다면 관중을 잡아야 합니다." 관포지교管鮑之交가 여기서 나왔다. 제 환공 역시 승부사였다. 큰 지도자라면 승부수를 던질 줄 알아야 하는 법. 도박은 성공했다. 관중을 등용한 지 6년 만에 제 환공은 패자가 됐다. 기원전 679년 지금의 산둥성 쥐안청鄄城인 견鄄 땅에서 제 환공은 회맹會盟을 소집했다. 패권의 최전성기인 651년에 규구葵丘에서 회맹해 제를 경찰국가로 하는 국제질서를 확립했다.

## 동으로는 관중, 남으로는 공자를 만나는 인문의 향연

지난에서 남쪽으로 50킬로미터 정도 내려가면 오악의 으뜸, 태산이 우뚝 솟아 있다. 70킬로미터 정도 더 내려가면 만세사표 공자孔子, 기원전 551~479의 고국인 노나라의 수도 취푸曲阜시다. 기원전 645년 관중이 세상을 뜨면서 제나라는 급격히 쇠락했다. 관중이 사망한 지 94년 뒤 공자가 취푸에서 태어났다.

공자는 학자다. "배우길 그치지 않아 관 뚜껑을 덮고서야 그쳤다學而不已. 闔棺乃止"고 할 정도였다. 그는 어려서부터 "머리가 영민하면서도 배우기를 좋아하고, 아랫사람에게 묻는 것을 부끄러워하지 않았다敏而好學. 不恥下問". 중년에 접어들어 "가르침에는 차별이 없다有敎無類"고 주장하며 교육에 힘썼다. 그의 나이 54세에 노나라를 떠나 천하를 떠돌았다. "공자는 노나라에서 두 번이나 쫓겨났고丘再逐於魯, 위나라에서도 추방당하고削迹於衛, 송나라에서는 나무를 베어 넘겨 죽이려 했고伐樹於宋, 진나라와 채나라에서는 포위를 당했다圍於陳蔡." 파란만장한 여정을 마치고 68세에 노나라에 돌아온 그는 『시詩』『서書』『예禮』『역易』을 편찬하고 『춘추春秋』를 지었다.

'인간' 공자는 73세를 일기로 세상을 떴다. 공자는 죽은 뒤의 역사가 더욱 파란만장했다. 연작 『춘추전국이야기』의 작가 공원국은 "공맹의 도를 뒤집어서 왕조를 세우고, 일단 세우면 너나 할 것 없이 공맹을 외친다"고 중국의 역대 왕조를 비판한다. 공자와 왕권의 기이하고도 끈끈한 공존은 취푸에 있는 공묘孔廟에 세워진 역대 황제들의 수많은 비석에서 확인된다.

관중을 보는 공자의 시각은 이중적이다. 공자는 관중을 "그릇이 작다器小"고 하면서도 "그가 없었으면 오랑캐 땅에 살고 있을 것"이라고 평가한 뒤 "그는 착하다如其仁"고 말했다. 관중은 예禮를 모르는 야인이었지만 현실주의 정치가였다. 기나긴 유아독존의 황제시대 동안 중국의 정치가들은 이념적으로 관중을 버리고 공자를 취했다. 그 대신 뒤돌아서 『관자』를 읽었다. 지난시에서 동으로 가면 관중을, 남으로 가면 공자를 만날 수 있다. 그 옆에서 강태공과 맹자를 만나는 것은 덤이다. 맹자의 고향 추鄒는 취푸에서 30킬로미터가량 떨어진 지척이다.

인문의 향연은 여기서 그치지 않는다. 영화 〈천녀유혼〉의 원작인 소설 『요재지이聊齋志異』의 작가 포송령蒲松齡, 1640~1715의 고향이 지난시 동쪽으로 86킬로미터가량 떨어진 쯔촨淄川이다. 『수호전』108 영웅들의 산채山寨(산적들의 소굴, 모조품이나 짝퉁을 뜻하는 중국어 '산자이'와 같다) 량산포梁山泊는 지난시 남서쪽 130여 킬로미터 떨어진 곳에서 '산자이' 같은 모습으로 오늘도 관광객을 기다리고 있다.

## 산둥인은 정직과 애국, 충성의 화신?

지난 일대에 사는 이들은 어떤 기질의 소유자일까? '중국=자장면'을 떠올리는 한국인에게 가장 익숙하면서도 천성이 비슷한 중국인은 단연 산둥 사람이다. 그들의 피에는 제나라와 노나라 문화의 DNA가 흐른다. 분서갱유라는 진시황의 문화혁명이 끝난 뒤 한나라 동중서董仲舒는 "백가를 배척하고 유학만을 존중한다罷黜百家, 獨尊儒術"라는 여덟 자 헌법을 제창했다. 이후 산둥은 유학의 뿌리가 됐다.

산둥 사람들은 유학의 유儒 자 옆에 붙은 '사람인 변亻' 그 자체다. 그들의 성격은 호탕하고 질박하다. 두 군주를 섬길 줄 모르고 정직과 애국, 충성의 화신이다. 정의감에서 우러나오는 기개를 뜻하는 의기義氣가 충만한 사람들이다. 그래서 지금도 산둥 출신의 군인이 많다. 그들은 고난에 익숙하다. 츠쿠吃苦(고생하다), 나이라오耐勞(괴로움을 참다)라는 중국어는 산둥인 앞에 따라다니는 수식어다.

2008년 중국중앙방송이 1930년대 산둥인들의 동북 개척사를 그린 52부작 드라마 〈관둥살이闖關東〉를 방영했다. 삭막한 만주 벌판을 개척한 산둥인들의 서사시였다. 인구 압력에 시달리던 산둥인들의 일부는 그렇게 만주로, 한반도로 흘러들어가 삶을 개척했다. 그들은 적극적이고 능동적이다. 공자의 후예답게 교육열 또한 중국에서 둘째가라면 서러워한다. 또 있다. "부족한 것을 걱정하지 말고 고르지 못한 것을 걱정하라不患寡而患不均"는 공자의 말씀도 산둥 사람들이 신봉하는 금과옥조 중 하나다. 인구 압력이 심각한 인구대국 중국에서는 경쟁이 끝없이 이어진다. 경쟁의 패자는 결과에 따른 차별을 감내한다. 산둥은 다르다. 공평이란 가치를 신봉한다. 중국에서 가장 사회주의적인 곳이라는 의미다.

하얼빈

# 2000년 전 부여의 땅,
# **마오쩌둥에게 수도로 낙점되다**

하얼빈은 일종의 용광로였고
중국인조차 신입자로서 뒤섞인 개척자들의 도시였다.
_포겔

얼음과 눈으로 뒤덮인 최신 유행의 도시, 이글거리는 여름에도 청량하고 쾌적한 도시, 청춘의 낭만이 충만한 곳, 동북의 호탕함을 뿜어내는 곳, 유럽의 풍취와 동북의 정서가 넘치고 적막하지 않으며 담장이 없이 얼음의 성으로 불리는 도시. 바로 동북 제2의 도시 하얼빈哈爾濱이다. 하얼빈의 역사와 이야기 속으로 떠나보자.

**「메밀꽃 필 무렵」의 작가 이효석이 사랑한 하얼빈 거리**

「메밀꽃 필 무렵」의 작가 가산可山 이효석李孝石, 1907~1942은 1939년 초가을과 1940년 가을 두 차례에 걸쳐 만주국 하얼빈을 찾았다. 사랑하는 아내와 작은아들을 잃은 허무함을 달래기 위해서였다.

하얼빈

089

그는 귀국 후 단편소설 「하얼빈」에 당시의 심경을 담았다.

"호텔이 키타이스카야의 중심지에 있자 방이 행길 편인 까닭에 창기슭에 의자를 가져가면 바로 눈 아래에 거리가 내려다보인다." 「하얼빈」의 첫 문장이다. 키타이스카야는 러시아어로 '중국인 거리'라는 뜻이다. 도시를 건설하던 시기에 중국인 노동자들이 건설 자재를 운반하던 길이어서 붙은 이름이다. 1928년에 중앙대가中央大街로 이름이 바뀌었다.

이효석이 묵던 호텔은 1906년 러시아 유대상인이 하얼빈의 미래를 보고 거액을 투자해 완공한 아르누보 스타일의 3층 건물 '모데른Modern, 馬迭爾' 호텔이다. 당시 폭 21.34미터, 길이 1450미터의 중심거리 키타이스카야에는 르네상스, 바로크, 절충주의 등 유럽의 최신 건축사조를 따른 건물들이 경쟁하듯 들어섰다. 키타이스카야 덕에 하얼빈은 '동방의 파리'로 불렸다. 모데른 호텔은 리노베이션을 거쳐 지금도 손님을 맞고 있다.

소설 「하얼빈」에서 이효석은 낭만주의적으로 이국의 모습을 보여준다. 주인공 '나'는 키타이스카야 거리의 카바레 '판타지아'에서 춤추는 러시아 무희 유라와 함께 하얼빈 시내를 거닐며 허무주의자로 변한 자신의 모습을 감각적으로 그렸다.

"나는 키타이스카야 거리를 사랑한다"고 말한 소설 속의 '나'는 "왜 이리도 변해가는가. 이 거리는, 해마다……"라며 변해가는 거리의 모습을 안타까워한다. 주인공은 쑹화松花강변의 요트 구락부에서 밴드의 음악을 들으며 음식을 주문한 뒤 강 건너 태양도太

陽島의 구석구석을 쌍안경으로 살핀다. 70여 년이 흐른 지금도 중앙대가와 쏭화강변에서 느낄 수 있는 정취다.

경남 통영에서 태어난 「깃발」의 시인 청마靑馬 유치환柳致環. 1908~1967도 1940년 하얼빈을 찾았다. 그는 「하얼빈 도리공원道裡公園」(1942년 작)이라는 시를 남겼다. 중앙대가 인근 도리(철도 부속지) 공원은 1906년에 처음 조성됐다가 1946년 항일투사 리자오린李兆麟 장군을 이 공원에 안장하면서 자오린공원으로 이름이 바뀌었다.

> 여기는 하얼빈 도리道裡공원
> 5월도 섣달같이 흐리고 슬픈 계후季候
> 사람의 솜씨로 꾸며진 꽃밭 하나 없이
> 크나큰 느릅나무만 하늘로 어두이 들어서서
> 머리 우에 까마귀떼 종일을 바람에 우짖는
> 슬라브의 혼魂 같은 울암鬱暗한 수음樹陰에는
> (중략)
> 창랑蹌踉히 공원의 철문을 나서면
> 인거人車의 흘러가는 거리의 먼 음천陰天 넘어
> 할 수 없이 나누은 광야는 황막荒漠히 나의 감정을 부르는데
> 남루한 사람 있어 내게 인색한 소전小錢을 욕구하는도다.

하얼빈

## 러시아가 만주 지배 위한 거점으로 키워

하얼빈은 만주어로 '그물을 말리는 곳'이다. 그 밖에 만주어로 '백조'라는 설, 몽골어로 '평지', 여진어로 '영예' '납작한 모양의 섬'이라는 주장도 있다.

20세기 초 동아시아에는 상하이와 하얼빈 두 개의 국제도시가 있었다. 중국 사학자인 포겔Joshua A. Fogel 캐나다 요크대 교수는 "상하이는 상이한 민족들이 나란히 살면서도 가능한 한 서로 뒤섞이지 않았던 모자이크 세계였던 반면, 하얼빈은 일종의 용광로였고 중국인조차 신입자newcomers로서 뒤섞인 개척자들pioneers의 도시였다"고 말한다.

하얼빈은 멀리 한대漢代에는 부여국의 땅이었다. 고구려를 거쳐 수나라 때에는 말갈, 당나라 때에는 발해 막힐부에 속했다. 거란족의 요나라 시절에는 여진족 계열인 완언부完顏部가 지배했다. 완언부 추장 아구다阿骨打가 금나라를 세운 뒤에는 수도인 상경회령부上京會寧府가 됐다.

근대 도시로서 하얼빈은 러시아인의 진출과 궤를 같이했다. 시베리아 횡단철도가 지나는 러시아 치타에서 갈라져 만저우리滿洲里와 하얼빈을 거쳐 무단장牡丹江을 지나 블라디보스토크에 이르는 2400킬로미터 길이의 중동철도中東鐵道부속지를 중심으로 도시가 개발됐다. 1896년 '중러밀약'으로 러시아가 중동철도 부설권을 획득할 당시만 해도 하얼빈은 쑹화강변의 한적한 어촌에 불과했다. 1903년 중동철도가 모두 개통되면서 러시아인, 중국인이 몰려들어 거대도시로 탈바꿈했다.

철도 교통과 하천 운수의 중심지 하얼빈은 러시아가 만주를 지배하기 위한 거점 도시이자 '동양의 모스크바'였다. 키타이스카야를 중심으로 한 상업중심지는 20세기 초 러시아, 영국, 미국, 일본 등 제국주의 열강이 각축전을 펼친 무대였다. 1904년 러일전쟁에서 승리한 일본은 관동지역과 남만주철도를 획득해 남만주지역을 확보했다. 하지만 하얼빈을 포함한 북만주까지 영향력을 뻗치지는 못했다.

한편 청나라 조정은 1907년 하얼빈에 빈강청濱江廳을 설치하면서 행정권 강화를 시도했다. 이에 러시아 주도의 중동철도관리국이 '하얼빈 자치공의회장정自治公議會章程'을 선포해 시 중심지를 공의회 관할로 지정하는 방식으로 청조에 대항했다.

일본의 영향력이 하얼빈까지 확대된 계기는 러시아혁명이었다. 1917년 혁명 이후 시베리아에서는 반反볼셰비키 백군과의 내전이 벌어졌다. 일본군 7만 병력이 투입된 반혁명 '시베리아 출병'이 시행됐다. 출병의 전초기지 하얼빈에 일본인들이 쇄도했다. 1916년 하얼빈에 거주하는 백계 러시아인은 3만 4115명이었다. 1920년에는 13만 1073명으로 네 배 늘었다. 혁명정권에 반대한 정치적 망명이 급증한 때문이다. 그중에는 유대인 2만 명이 포함됐다. 내전으로 소비에트 러시아 정권의 영향력이 약화되자 하얼빈을 무대로 제국주의 열강의 각축전이 본격화됐다.

1931년 만주사변을 일으키고 1932년 만주국을 건국한 일본은 하얼빈을 특별시로 지정해 인구 100만 명을 목표로 하는 대大하얼빈 건설에 착수했다. 1928년 28만여 명이던 인구는 만주국 수립 후 40만 명을 돌파한 뒤 1940년 60만 명을 넘어섰다. 한때 펑톈奉天(현재의 선양瀋陽)을 제치고 만주국 제1의 인구 규모를 자랑했다.

## 공산당이 1946년 가장 먼저 해방시킨 곳

마오쩌둥은 최초의 신중국 수도 후보지로 베이징이 아닌 하얼빈을 선택했다. 당시 마오는 중국을 한 마리 거대한 새로 보았다. 헤이룽장성은 마치 날개를 펼친 백조와 같았다. 하얼빈은 바로 이 백조의 목 아래에 위치했다. 일본이 항복하자 곧 국민당 군대가 만주로 몰려왔다. 공산당은 1946년 동북에서 하얼빈을 가장 먼저 해방시켰다. 마오가 신중국 수도로 하얼빈을 고려한 것은 당시 가장 안전한 도시였기 때문이다. 소련에 가장 가까워 소련의 지원과 도움을 받기 편리한 지리적 위치 때문이었다. 당중앙은 하얼빈을 특별시로 지정하고 이곳에서 신중국 건립을 준비했다.

동북으로 마음이 기울었지만 하얼빈은 중국의 중심에서 거리가 멀었다. 당 수뇌부가 한번에 옮겨가기란 쉽지 않았다. 중간 기착지가 필요했다. 청나라 황실의 여름 별궁인 피서산장이 있던 청더承德가 기착지로 선정됐다. 중공중앙 부주석 저우언라이는 중앙경비단을 둘로 나누어 이전을 준비했다. 당중앙 보위를 책임진 중앙경비단과 '중앙선행경비단'으로 구분했다. 1945년 10월 400명으로 구성된 선발대가 옌안을 떠났다. 한 달여의 행군을 거쳐 청더에 도착할 무렵 동북의 전황이 급변했다. 국민당이 미국의 지원을 받아 동북에 병력을 증원해 교통 요지를 점령했다. 마오쩌둥은 급히 당중앙을 청더로 옮기지 않기로 결정하고 명령을 내렸다. 중앙군사위는 중앙선행경비단을 화북군구 소속으로 재편했다.

1948년 랴오선전투 전날, 동북야전군의 린뱌오와 뤄룽환羅榮桓이 다시 당중앙을 동북으로 옮기는 일에 답신을 요청했다. 마오는 "당중앙은 반드시 관내에 머물러 있어야 하므로, 나는 잠시 떠나지 않겠다"고 답했다. 하얼빈 수도론은 이렇게 좌절됐다.

## 세계 최대 얼음축제와 항일투쟁의 도시

안중근 의사의 얼이 서린 하얼빈에는 만주를 무대로 활약했던 동북항일연합군東北抗日聯軍을 기념하는 유적이 곳곳에 남아 있다. 동북항일연합군은 동북항일의용군, 동북반일유격대, 동북인민혁명군이 1936년 통일전선전술에 따라 재편된 다민족 연합군대로 당시 11개 군, 4만 병력의 규모였다. 하얼빈역사 인근 구舊만주국 하얼빈 경찰청 건물은 동북열사기념관으로 바뀌어 당시의 전사들을 기리고 있다.

해마다 1월이면 세계 최대의 겨울 얼음조각축제인 하얼빈국제빙설절 행사가 태양도에서 펼쳐진다. 태양도 한쪽에는 항일 승전 60주년인 2005년 조성된 동북항일연합군 기념공원이 있다. 대형 부조물과 만주벌판을 누비던 말 탄 유격대의 조각상이 있다.

　　기념비문에는 "중국과 조선 동지들이 어깨를 맞대고 작전을 펼쳤으니 국제주의의 정이 해와 달처럼 높았다中朝同志 竝肩作戰 國際主義情高日月"라고 적혀 있다. 여기서 조선은 북한이다. 1920년대 만주에서 항일운동을 펼쳤던 김좌진 열사도 항일연합군이다. 항일운동은 중국과 북한만을 잇는 접착제가 아니라는 이야기다. 한국과 북한, 중국과 조선족 동포가 모두 한데 어울려 통일 한국의 기반을 닦을 수 있는 곳이 바로 하얼빈이다.

# 만주국의 수도에서
## 자동차·영화의 메카로

창춘은 13억 중국인의 발을 만드는 도시다.
이치 본사와 생산 공장이 위치해 동방의 디트로이트로 불린다.

2010년 8월 김정일 북한 국방위원장이 5월에 이어 중국을 방문했다. 그가 후진타오 중국 국가주석과 만나 회담한 도시는 지린吉林성의 성도 창춘長春이었다. 2009년 10월 1일 중화인민공화국 건국 60주년 기념 열병식에서 후 주석이 탔던 홍치紅旗 리무진을 만든 곳 역시 창춘이다. 일본의 괴뢰국가였던 만주국의 수도에서 영화와 자동차공업의 메카로 부상한 창춘으로 떠나보자.

### 일본, 청 마지막 황제 푸이 내세워 만주국 세워

만주滿洲라는 이름으로 익숙한 중국 동북 3성(랴오닝遼寧·지린·헤이룽장)의 지리적 중심이자 지린성의 핵심도시인 창춘. 그 이름의 유

099

래는 7000여 년 전으로 거슬러올라간다. 만주 동북부에 거주하던 숙신肅愼 부족이 하늘에 제사 지낼 때 복을 기원하던 주문인 '차아충茶啊沖'이 한자어 창춘長春이 됐다는 설명이다. 또 이들은 장미꽃을 창춘이라 불렀다. 요나라와 금나라 때 이곳에는 장미가 유달리 흔했다. 꽃 이름을 따 도시 이름으로 삼았다는 설도 전해진다.

멀리 부여와 고구려의 땅이었던 이곳은 발해와 거란의 요를 거쳐 금·원·명의 지배를 받았다. 명말 청초에는 몽골 하르친족의 영지였으나 청나라 가경嘉慶 5년(1800) 이곳에 처음으로 장춘청長春廳이라는 치소가 세워졌다. 창춘시의 탄생이다.

19세기 말 동진하던 러시아가 창춘으로 밀려와 시베리아 철도의 지선을 뻗어내려왔다. 1904년 러일전쟁 결과 맺어진 포츠머스조약으로 창춘은 러시아와 일본 두 제국주의 세력의 변경이 됐다. 이후 창춘은 명목상 1912년 수립된 중화민국의 지배지였으나 실제로는 만주군벌 장쭤린張作霖. 1873~1928의 치하로 들어갔다.

한편 일본은 1927년 6월 말 도쿄 외상 관저에서 중국 각지의 공사와 영사를 비롯해 정부와 군부 요인들을 모아 중국 정책을 논의하는 '동방회의'를 개최한다. 여기서 중국 침략을 강화하는 일본의 대륙정책이 확정됐다. 1928년 4월 일본 관동군은 국민당의 북벌군에 밀려 만주로 철수하던 장쭤린을 폭사시키는 황구툰皇姑屯 사건을 일으킨다. 그의 아들 장쉐량張學良은 일본의 기대와 달리 국민당 정부에 투항한다. 동북은 국민당 장제스 관할로 들어갔다.

군국주의가 득세하면서 일본은 1931년 만주의 영구 점령을 노리고 펑톈(지금의 선양) 북부의 남만주철도를 폭파한 뒤 인근에 주둔하던 중국군 7여단에 누명을 씌워 공격했다. 만주사변의 발발이다. 창춘은 이 사건으로 일본군의 지배를 받게 된다. 일본은 더 나아가 1932년 3월 1일 청의 마지막 황제 푸이溥儀. 1906~1967를 내세워 만주국을 세운다. 창춘은 만주국의 새로운 수도로서 신경新京이란 이름으로 다시 태어난다.

일본 괴뢰국인 만주국이 내세운 건국이념은 허울 좋은 유교의 왕도王道사상과 민족협화民族協和였다. 연호도 유교가 이상사회로 제시한 대동大同으로 정했다. 동북의 중심지였던 펑톈은 중국인과 러시아인의 정치세력이 선점하고 있어 수도 물망에서 제외됐다. 그 대신 동북의 지리적 중심인 창춘을 수도로 정하고 이름을 신경특별시로 바꿨다. 이어 프랑스 파리와 호주 캔버라의 도시계획과 당시 전원도시 운동의 주창자였던 에버니저 하워드Ebenezer Howard의 이론에 따라 일본 최고의 도시 건설 전문가들이 '대大신경 도시계획'을 마련했다.

도로 시스템은 대형 로터리(회전교차로)를 중심으로 한 방사형으로 설계됐다. 창춘역 남쪽으로 뻗은 대동가大同街(현재의 런민대가)와 지름 330미터의 대동광장(현재의 런민광장)은 당시 설계된 도로망의 핵심축이었다. 또한 도시 곳곳에 대규모 녹지가 조성됐다. 창춘은 녹색도시로 이름난 당시 미국 워싱턴의 녹지면적을 능가

했다. 일본 주요 대도시 1인당 평균 녹지면적의 다섯 배가 넘는 세계 최대의 삼림도시로 새롭게 태어났다.

그뿐 아니다. 창춘은 전 도시에 상하수도 시스템이 완비됐으며, 1930년대에 수세식 변기가 공급된 아시아 최초의 도시였다. 1940년대 초에는 중국 대륙 최초로 지하철 건설 계획을 수립했다. 하지만 태평양전쟁이 발발하면서 자원 부족으로 착공하지는 못했다. 그 대신 트롤리버스로 대중교통 시스템을 대체했다. 창춘은 도시설계 초기 수용인구 50만 명으로 조성됐다. 1932년 말 일본인 1만 8380명, 한국인 4017명, 중국인 14만여 명을 포함해 총 16만 7036명이던 창춘시 인구는 1939년 일본인 8만 9347명, 한국인 1만 1330명, 중국인 29만 3831명 등 총 39만 5476명으로 7년간 두 배 이상 증가했다.

## '영화를 선전 도구로' 동방의 할리우드 되다

창춘의 또다른 별칭은 동방의 할리우드다. 중국 영화산업의 요람이기 때문이다. 만주국 시절 만영滿映(주식회사 만주영화협회의 약칭)의 본사가 창춘에 있었던 데서 시작됐다. 만영은 일본의 관동군과 만주국 경찰을 중심으로 하는 '만주전영국책연구회'가 주도해 1937년 8월 설립됐다. 만철滿鐵(일본의 국책회사 남만주철도주식회사의 약칭)과 만주국이 각각 250만 위안씩 출자해 자본금 500만 위안으로 세워졌다. 초대 이사장은 신경특별시 시장을 지낸 만주족 진비동金璧東이 맡았다. 1939년 11월에는 홍시가洪熙街(현재의 홍치가紅旗街)에 촬영소를 조성했다. 이어 관동대지진 당시 아나키스트로 유명한 오스기 사카에의 가족을 무참히 살해하고, 만주국 설립 과정에서는 황제 푸이를 포섭한 아마카스 마사히코가 만영 2대 이사장에 취임했다.

"영화를 통해 대일본제국의 국가 정책에 참가하고, 유사시는 물론 평시에도 정치와 외교에 영화가 가진 선전과 교화의 특성을 발휘해 영화보국에 앞장선다." 이는 만영의 모델이던 대일본영화협회의 설립 취지문의 한 구절이다. 만영은 영화를 통해 오락뿐 아니라 식민지 사상과 문화를 주입했다. 영화를 하나의 문화로 보지 않고 선전 수단으로 이용한 것이다.

만영은 8년 동안 〈일만친선〉 〈오족협화〉 〈왕도낙토〉 등 대부분 일본의 침략과 만주국의 군대와 경찰을 미화하고 항일부대로 재편성된 중국공산당 팔로군八路軍을 모멸하는 내용의 극영화 108편, 기록영화와 과학영화 189편, 그 밖에 300편이 넘는 시사영화를 제작했다. 만영은 영화 제작뿐 아니라 영화의 배급과 수출망도 장악했다. 만주국 전역에 200개가 넘는 영화관을 보유했으며 이탈리아, 독일과 영화 수출입협정을 맺고 영화를 교류했다. 또한 배우훈련소를 개설해 400명 이상의 배우를 양성했다. 만영 소속의 톱스타로는 우리에게도 익숙한 노래 〈예라이샹夜來香〉을 부른 리샹란李香蘭(야마구치 요시코)이 유명하다.

창설 당시 만영 직원은 100여 명에 불과했으나 1944년 1857명으로 늘었다. 1945년 8월 일본이 항복한 닷새 후 만영 이사장 아마카스 마사히코는 청산가리를 마시고 자살했다. 하지만 만영은 여전히 일본 잔류세력의 손아귀에 있었다. 영화의 선전 기능을 잘 알고 있던 중국공산당은 국민당에 앞서 최첨단 촬영기자재와 인적 자원을 보유한 만영 장악 작전에 착수했다. 그러나 이는 쉽지 않았으며 창춘에 진주한 소련군조차 공산당의 만영 장악에 우호적이지 않았다. 국민당군이 창춘을 장악하자 만영을 하얼빈으로 옮겼다. 이후 1949년 신중국 수립 후에야 만영은 창춘으로 돌아올 수 있었다.

## 마오쩌둥·후진타오가 타는 차 '훙치'도 이곳에서

창춘은 13억 중국인의 발을 만드는 도시다. 1953년 소련의 지원으로 이치一汽(第一汽車製造廠의 약칭, 중국어에서 기차汽車는 자동차를 의미한다)가 창춘에 세워졌다. 1956년 7월 제팡解放이라는 브랜드를 단 인민해방군 군용트럭을 중국 최초로 생산했다. 1958년에는 세단 훙치 생산이 시작됐다. 훙치는 중국의 역대 최고지도자인 마오쩌둥, 덩샤오핑, 장쩌민, 후진타오가 톈안먼 앞에서 군대 사열을 할 때 타는 차종이다. 박근혜 대통령의 국빈 방중 때 중국은 의전 차량으로 훙치를 제공했다.

이치는 1990년대에 들어와 독일 폴크스바겐, 일본 도요타·

마쓰다와 제휴해 대량생산 시스템을 갖췄다. 이치는 2004년 연간 100만 대 생산시대를 열었고, 2009년 194만 대를 출하했다. 2010년 중국은 자동차 1826만 대를 생산해 세계 최대 자동차 대국으로 부상했다. 이치는 2013년 265만대를 생산해, 상하이차 446만대, 우한의 둥펑 308만대에 이어 3위의 자동차 메이커다. 창춘에는 이치 본사와 생산 공장이 위치해 동방의 디트로이트로 불린다. 1994년 한국의 자동차 생산 메카인 울산과 자매도시 협정을 맺었다.

자동차뿐 아니라 열차 생산에서도 창춘은 중국 최대 도시다. 1954년 설립된 창춘궤도객차長春軌道客車는 중국 철도 객차의 50퍼센트, 도시 궤도열차의 70퍼센트를 생산한다. 김정일 북한 국방위원장도 2010년 여름 창춘 방문시 고속열차 생산 공장을 시찰했다. 북한의 평양지하철 객차도 이곳에서 만들었다.

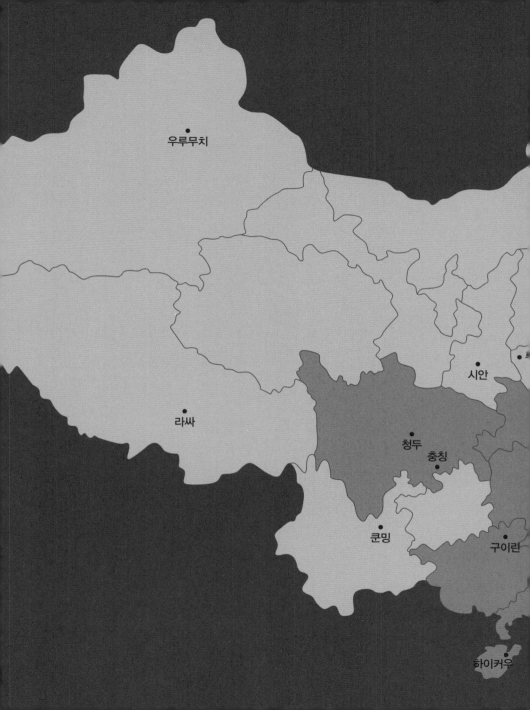

하얼빈

창춘

선양

베이징
톈진
다롄

지난

난징
상하이
우한
항저우
창사

선전
홍콩

타이베이

## II 察,
## 100년
## 살펴보기

# 황제의 나라가 저물고,
## 백성의 나라가 시작되다

창장대교가 남북을 가로지르니
천연의 요새가 탄탄대로로 변했도다.
_마오쩌둥

조선시대 한강漢江 북쪽에 한양漢陽이 있었다면 중국에는 한수이강
漢水 남쪽에 한양漢陽이 있었다. 한양 옆 창장강 건너에는 100여 년
전 중국의 황제 지배체제를 무너뜨린 도시 우창武昌이 있었다. 한
수이강 건너 한커우漢口와 함께 세 개의 도시가 1927년 합쳐져 후
베이성의 성도 우한이 됐다. 우한은 중국의 중앙에 위치해 '동방의
시카고'로 불렸다.

## 우한의 랜드마크 황학루

우한은 호수의 도시다. 총면적의 4분의 1이 물이다. 물의 고향이
다. 우창, 한커우, 한양 세 개 도시가 '삼족정립三足鼎立'의 형세를

이룬다. 우한은 물고기와 쌀이 풍부해 '어미지향魚米之鄉'이라 불리는 후베이성의 중심지다.

모든 도시에는 랜드마크가 있다. 우한의 경우 황학루黃鶴樓다. 악양루岳陽樓, 등왕각騰王閣과 함께 강남 3대 누각으로 불린다. 서산蛇山 위에서 창장강을 굽어보고 있다. 황학루는 높이 55.47미터로 중국의 누각 가운데 가장 높다. 삼국지의 손권이 223년 유비와 전쟁을 대비해 세웠다. 손권은 군사 요충지인 이곳에 군사도시 진鎭을 세우며 '무로 나라를 다스려 번창케 하겠다以武治國而昌'고 말했다. 우창武昌의 유래다. 황학루 편액에는 '초천극목楚天極目'이 새겨져 있다. '초나라 하늘을 끝까지 본다'는 뜻이다. 우한은 춘추전국시대 남방의 강국 초나라의 땅이었다.

황학루에는 신선의 전설이 깃들어 있다. 옛날 한 술집에 공짜 술을 즐기는 도사가 있었다. 주인은 싫은 내색 없이 그를 환대했다. 어느 날 도사는 먼 길을 떠나야 한다며 밀린 술값을 대신해 황학 한 마리를 벽에 그려주었다. 그러고는 "손님이 올 때 손뼉을 치면 황학이 춤을 추며 주흥을 돋울 거요"라는 말을 남겼다. 과연 주인이 손뼉을 치자 황학이 튀어나왔다. 입소문을 탄 술집은 크게 번성했다. 10년 뒤 도사는 홀연히 돌아왔고, 피리를 불어 황학을 불러낸 뒤 타고 돌아갔다. 도사 덕에 큰돈을 번 주인은 이를 기념해 술집 자리에 누각을 세웠다. 황학루의 유래다.

이후 수많은 시인이 황학루를 노래했다. 그중 최호崔顥의 시를 최고로 친다.

옛사람 황학을 타고 날아가버리고, 이곳에는 황학루만 남았구나昔人已乘黃鶴去, 此地空餘黃鶴樓

황학은 한번 가고 돌아오지 않으니, 흰 구름만 천년을 멀리 떠가네黃鶴一去不復返, 白雲千載空悠悠

맑은 날 강에서 빛나는 한양의 나무, 앵무섬에는 방초 가득하구나晴川歷歷漢陽樹, 芳草萋萋鸚鵡洲

날 저무는데 고향은 어디인가, 안개 피어나는 강 위에 수심 잠기네日暮鄕關何處是, 煙波江上使人愁

시선 이백 또한 우한을 지나며 황학루에 올랐다. 그는 우한의 별명인 '강성江城'이 유래한 시를 남겼다.

두 사람이 똑같이 장사로 유배 떠나는 신세一爲遷客去長沙
서쪽으로 장안을 바라봐도 집이 보이질 않네西望長安不見家
황학루 위에서 부는 옥피리 소리에黃鶴樓中吹玉笛
강 마을은 오월에 매화 꽃잎을 떨어뜨린다江城五月落梅花

5월의 매화꽃 흩날리는 강의 도시 우한의 주당酒黨들도 이백의 열렬한 팬이다. 우한의 주당들은 백주 '바이윈볜白雲邊'을 마신다. 바이윈볜은 다음에 나오는 이백의 시 제목이자 시구에서 유래했다.

남쪽 호수, 가을 물, 밤하늘 안개南湖秋水夜天煙

물결 타고 곧바로 하늘로 치솟아올라耐可乘流直上天

동정호로 가서 달빛을 사다가且就洞庭赊月色

배 타고 하얀 구름 가에서 술을 산다將船買酒白雲邊

## 지음의 땅, 황제 지배를 무너뜨리다

유백아俞伯牙는 전국시대 후기 초나라의 유명한 음악가였다. 자연
의 소리를 거문고로 노래하는 데 능했다. 어느 날 거문고를 타던
유백아는 현이 이상하게 떨림을 느끼고 주위에 누군가가 있음을
눈치챘다. 마침 나무꾼 종자기鍾子期가 앉아 백아의 음악을 듣고 있
었다. 백아는 즉흥으로 〈고산高山〉을 연주했다. 종자기는 "아아峨峨
하기가 태산과 같다"고 찬탄했다. 이어 〈유수流水〉를 연주하자 "양
양洋洋하기가 황허강, 창장강과 같다"며 감탄했다. 흥분한 유백아
는 "당신만이 내 마음의 소리를 듣는구려"라며 종자기를 '지음知音'
이라 불렀다.

　백아와 종자기는 다음해 다시 만나기로 약속하고 헤어졌다.
하지만 백아가 종자기를 찾았을 때 종자기는 병이 들어 세상을 떠
난 뒤였다. 백아는 그의 묘 앞에서 비통한 마음을 담아 거문고를
탔다. 연주를 마친 백아는 거문고를 부순 뒤 다시는 연주하지 않
았다. 이 종자기의 묘소가 우한에 있다. 추산龜山 서쪽 고금대古琴臺

가 바로 그곳이다.

우禹임금이 창장강의 홍수를 다스렸다는 전설의 무대 역시 우
한이다. 삼국지의 전쟁터이기도 했다. 한족의 영웅 악비岳飛가 금
나라 여진족에 항전했던 주둔지가 지금의 우한인 악주鄂州였다. 세
월이 흘러 청나라 말 호광湖廣총독 장지동張之洞은 우한을 근대도시
로 탈바꿈시켰다. 오늘날의 제철소 격인 호북철정국湖北鐵政局을 설
치했다. 베이징에서 광저우를 잇는 징광京廣선 철길의 레일 대부분
을 여기서 공급했다. 그는 호북신군湖北新軍을 육성했다. 유교를 근
본으로 삼고 서양의 기술을 받아들여야 한다는 중체서용론자였던
장지동은 지금도 우한의 아버지로 칭송받는다.

1911년 10월 10일, 2000여 년을 이어온 황제지배체제를 무
너뜨린 호북신군의 총성이 우한에서 울려퍼졌다. 바로 황제의 나
라帝國가 무너지고 백성의 나라民國가 시작된 우창봉기다. 민국의
시작은 군벌의 발호로 순탄치 못했다. 쑨원의 국민당은 신생 공산
당과 손잡고 1927년 우한에 국민정부를 세웠다. 우한이 전 중국의
수도가 됐다.

> 만리 창장강을 가로질러 건너萬里長江橫渡
> 눈을 들어 넓은 초나라 하늘을 바라본다極目楚天舒
> (중략)
> 돛단배가 바람에 창장강을 질주하고風檣動
> 추산과 서산이 마주보니, 원대한 구상이 떠오른다龜蛇靜. 起宏圖

창장대교가 남북을 가로지르니一橋飛架南北
천연의 요새가 탄탄대로로 변했도다天塹變通途

　　1956년 6월 마오쩌둥이 창장강을 수영으로 건너며 소동파의
시「수조가두水調歌頭」를 본떠 지은「수조가두 유영游泳」이란 시의 일
부다. 우한의 풍광을 시적으로 읊었다. 1957년 개통 예정인 창장
강의 첫 다리 창장대교를 상상하는 마오의 모습이 연상된다. 마오
에게 우한은 자랑이었다. 우한 창장대교가 놓일 무렵 세운 우한강
철은 영국과 미국을 10년 안에 따라잡겠다는 대약진운동의 상징
이었다. 지금은 바오산, 안산, 서우두 강철에 밀려 중국 4위의 제
철회사이지만 우한강철은 중국 최초의 종합제철소였다는 과거의
자부심을 잃지 않았다. 대약진의 실패로 곤경에 처한 마오가 머물
며 문화대혁명을 구상한 곳도 우한이었다.

## 불같은 성격의 구두조九頭鳥 후베이 사람들

시진핑을 비롯한 5세대 지도부 중 다수는 젊은 시절 마오의 구호
에 따라 농촌에 들어가 '지식청년知靑' 활동을 펼쳤다. 한커우 출신
의 작가 뤄스한羅時漢은 지식청년 시절 중국 8대 도시 출신 젊은이
의 특징을 이렇게 표현했다. "베이징은 자애로운 어머니, 상하이
는 화려한 도련님, 톈진은 잘생긴 기사騎士, 우한은 다정한 악사,

고찰명／중국 도시 이야기

116

광저우는 참한 아가씨, 난징은 용맹한 장정, 시안은 정정한 노인, 충칭은 겸손한 뱃사공이다.” 「이소離騷」의 시인 굴원屈原의 후예답게 우한은 '다정한 악사'들이다. 마오쩌둥의 고향 후난湖南 사람들이 실무적이고 달관한 태도를 보이는 데 반해 후베이 사람은 정감을 중요시하며 시원스럽다. 속내를 잘 드러내지 않는 보통 중국 사람과 다르다.

고전해설가로 이름 높은 이중톈易中天은 『독성기讀城記』에서 “하늘에는 머리 아홉 달린 새九頭鳥, 땅에는 후베이 늙은이”라고 우한을 설명했다. 후베이 사람은 성격이 불같고, 욕 잘하기로 유명하다. 중국 사람은 얌체족인 상하이 사람을 얄미워하지만 무서워하지는 않는다. 하지만 불같은 우한 사람을 무서워한다. 단, 미워하지는 않는다.

우한은 진鎭이다. 진은 병사들이 주둔하고, 전략가들이 쟁취하려고 다투던 천혜의 요새다. 우한은 북쪽은 높고 남쪽은 낮으며 서쪽으로 들어가 동쪽을 칠 수 있는 요충지다. 사통팔달보다 한 수 높은 '아홉 성을 연결하는 네거리'라는 뜻의 '구성통구九省通衢'로 불린다. 자연스레 우한 사람들은 전투의식과 경계의식이 강하다. 호전적일 수밖에 없다. 그들은 오가다 몸을 부딪치거나 물건을 사다가 조그만 문제만 생겨도 싸울 준비를 한다. “은혜는 은혜로, 원수는 원수로 보답한다”는 신조가 투철하다.

우한 사람들은 정의롭고 대범하다. 오랜 친구를 의미하는 라오펑유老朋友라는 말이 일반적이라면, 우한에는 '경펑유梗朋友'라는 말이 있다. 베이징 사람들이 의형제를 뜻하는 '톄거먼鐵哥們'과 같은 뜻이다. 경梗(경)은 '굳세다, 곧다, 정직하다'는 뜻이다. 경펑유가 되면 우한 사람들은 죽을힘을 다해 도와준다. 머리가 아홉 개인 듯 괴팍스러우면서도 다정한 악사와 같고, 전투적이면서도 의리가 투철한 사람들. 바로 우한의 멋이다.

---

### 우한의 명소

★ **청천각晴川閣** 명대에 세워졌다. 창장강을 사이에 두고 황학루와 마주서 있다. 최호의 시 「황학루」한 구절에서 따온 이름이다.

★ **둥후호東湖** 항저우에 시후호西湖가 있다면 우한에는 둥후호가 있다. 넓이는 시후호의 여섯 배다. 담수어 우창위武昌魚가 유명하다.

★ **추산龜山** 고대 우임금이 창장강의 치수를 이곳에서 했다. 우한 3진의 중심이다. 오른쪽으로 창장강, 왼쪽으로 한수이강을 굽어본다. 전략가들에게 최고의 요충지였다.

★ **서산蛇山** 삼국시대 손권이 하구성夏口城을 이곳에 지었다. 이후 수많은 절, 탑, 궁, 전각이 세워졌다. 황학루가 위치한다.

★ **우한대학** 뤄자산珞伽山 자락과 둥후호변에 자리잡았다. 산수가 조화를 이룬 곳에 중국 전통정원의 풍모를 갖춰 중국 최고의 캠퍼스로 손꼽힌다.

★ **장한로江漢路** 19세기 한커우의 서양 조계와 중국인 거주지의 구분선이었다. 당시 한커우의 부동산 재벌 유흠생劉歆生의 이름을 따 흠생로歆生路라 불렸다. '동양의 시카고'로 불리던 당시의 풍광이 그대로 살아 있다. 우한의 명동인 셈이다.

★ **홍루紅樓** 신해혁명과 중화민국을 상징하는 건물이다. '민국의 문'으로 불린다. 현재 신해혁명박물관으로 사용되고 있다.

---

창사

# 혁명의 DNA가 흐르는
# 후난의 심장

중국이 지금 그리스라면, 후난은 스파르타다.
중국이 독일이라면 후난은 프로이센이다.
_양두

"후난 사람은 매운 것이 두렵지 않고不怕辣, 구이저우貴州 사람은 매
워도 두렵지 않고辣不怕, 쓰촨 사람은 맵지 않을까 두렵고怕不辣, 후
베이 사람은 맵지 않은 것이 두렵다不辣怕."

　　중국에서 매운 요리 즐긴다는 지역의 사람들을 묘사한 말이
다. 음식 맵기로는 후난이 첫째요 최고다. 후난 출신 마오쩌둥은
"고추를 먹지 않으면 혁명이 오지 않는다"라고까지 말했다. 혁명
의 고장 후난의 중심 창사長沙로 안내한다.


**황제에게 버림받은 신하들의 유배지**


후난은 우국지사憂國之士의 고향이다. 시조는 굴원屈原, 기원전 343?~

119

277?이다. 굴원과 가의賈誼, 기원전 200~168의 고장인 창사는 '굴가지향屈賈之鄕'으로도 불린다. 전국시대 초나라의 재상 굴원은 모함으로 쫓겨난 뒤 울분을 담은 「이소離騷」를 지었다. 초나라의 노래 『초사楚辭』를 처음으로 집대성한 후한의 왕일王逸은 「이소」를 '이離는 별別(헤어지다), 소騷는 수愁(시름겨움)'라며 '시름겨움에서 벗어나기'로 풀이했다. 『한서漢書』를 지은 반고班固는 '근심을 만나다'로 해석했다. 굴원은 이후 충언을 여러 차례 올렸으나 왕으로부터 답이 없자 「바위를 안고懷沙」란 시를 남기고 강에 몸을 던졌다.

창사를 남에서 북으로 흘러가는 샹장강湘江 인근에 태평가太平街라는 전통거리가 있다. 한漢 문제의 총애를 받았으나 대신들의 시기로 장사왕태부長沙王太傅로 좌천당한 가의의 옛집이 위치한 거리다. 창사에 이르러 굴원과 동병상련을 느낀 가의는 그를 애도하는 「조굴원부弔屈原賦」를 지었다.

창사는 시구 '낙화시절落花時節'로 유명한 두보杜甫의 「강남에서 이구년을 만나다江南逢李龜年」의 무대이기도 하다. 770년 두보는 당 현종의 총애를 받던 당대 최고의 음악가이자 명창인 이구년을 창사에서 만났다.

기왕의 저택 안에서 자주 보았고岐王宅裏尋常見
최구의 전당 앞에서 여러 번 들었는데崔九堂前幾度聞
정말 강남은 풍경이 좋지요正是江南好風景
꽃잎 떨어지는 시절에 또 그대를 만났군요落花時節又逢君

두 예인의 만남이 낳은 명시다. '꽃잎 떨어지다'라는 구절 때문이었을까. 두보는 그해 창사 인근 샹장강의 배 위에서 객사했다.

후난과 후베이를 나누는 호수가 둥팅호洞庭湖다. 샹장강과 샤오수이강瀟水이 흘러들어간다. 두 줄기 강의 첫 글자를 딴 '샤오샹팔경瀟湘八景'은 후난의 8대 절경이다. 산시청람山市晴嵐(푸르고 흐릿한 아침나절의 산마을), 연사모종煙寺暮鐘(안개에 싸여 저녁 종소리 울리는 산사), 원포귀범遠浦歸帆(포구 멀리에서 돌아오는 돛단배), 어촌석조漁村夕照(저녁노을 비친 어촌), 소상야우瀟湘夜雨(샤오수이강과 샹장강이 만나는 곳의 밤비 풍경), 동정추일洞庭秋月(달이 비친 둥팅호의 가을 정취), 평사낙안平沙落雁(기러기 날고 있는 모래사장), 강천모설江天暮雪(저녁 눈 내리는 강과 하늘)이다. 중원의 남녘이던 샤오샹은 황제의 눈 밖에 난 신하들의 유배지로 자주 쓰였다. '평사낙안'의 정서다. '멜랑콜리(우울)'는 창사의 이미지였다.

창사라는 이름은 모래톱沙洲에서 유래했다. 창사를 가로지르는 샹장강 한가운데 귤자주橘子洲라는 이름의 모래톱 섬이 있다. 길이 5킬로미터, 폭 100미터다. 섬의 귤나무가 유명해 붙은 이름으로 '강천모설'의 현장이다. 갈매기의 쉼터는 불세출의 혁명가인 마오쩌둥의 성지로 바뀌었다.

2007년 공산당 중앙은 높이 32미터, 길이 83미터, 폭 41미터로 청년 마오쩌둥의 초대형 흉상 건립을 허가했다. 창사의 이미지가 문인의 우수에서 혁명의 기백으로 변신하는 순간이다. 2013년

12월 26일은 마오쩌둥 탄생 120주년이다. 대대적인 기념행사가 준비중이란 소식이 전한다.

역사가 오랜 중국 도시에는 별명이 있다. 산둥의 지난은 샘이 많아 천성泉城, 윈난의 쿤밍昆明은 사시사철 봄 날씨여서 춘성春城, 다섯 양의 전설이 깃든 광저우는 양성羊城이다. 창사는 별의 도시 성성星城이다. 고대 중국인은 하늘의 별자리를 28수宿로 나누었다. 그중 하나인 진수軫宿는 남방 주작朱雀에 속하는 일곱 별자리 중 마지막 별로 장사長沙를 품는다. 별자리 장사는 장수長壽를 관장한다. 장사는 지상에서 산으로는 남악인 형산衡山과 도시로는 창사시에 대응한다. 창사는 이처럼 별과 모래가 반짝이는 빛나는 도시다.

제왕학의 전문가로 위안스카이의 참모였던 양두楊度. 1875~1931는 청나라 말기부터 민국시대를 살았던 풍운아다. 그는 1903년 10월「호남소년가湖南少年歌」를 지었다. 후난성 샹탄湘潭 출신인 양두는 후난성에서 거행된 과거에 합격해 거인擧人 타이틀을 땄다. 일본 유학을 다녀온 헌법전문가이자 상하이 마피아 두웨성杜月笙의 문객, 중국공산당의 비밀당원으로 활약한 양두는 후난을 중화의 마지막 보루로 여겼다.

"중국이 지금 그리스라면, 후난은 스파르타다. 중국이 독일이라면 후난은 프로이센이다. 여러분은 진실로 이와 같다. 말과 일을 급히 해 쓸데없이 눈물 흘리지 말라. 후난 사람이 모두 죽지 않고서는 중화국가가 진실로 망했다고 말할 수 없다." 양두의 눈은 정확했다. 쇠락한 중국을 구하기 위해 후난 출신 영웅들이 활약했다.

## 후난 출신의 영웅들, 그리고 혁명가들

매운 고추의 힘일까. 『해국도지海國圖志』를 지어 변법을 주창한 위원魏源. 1794~1857, 후난의 자제를 상군湘軍으로 조직해 태평천국을 진압한 증국번曾國藩. 1811~1872과 좌종당左宗棠. 1812~1885은 후난이 배출한 청나라 말기의 변혁가였다. 신해혁명기에는 황싱黃興과 쑹자오런宋敎仁이, 공산혁명기에는 마오쩌둥, 류사오치, 펑더화이彭德懷, 허룽賀龍이 활약했다. 후난의 혁명 DNA는 걸출한 지도자 후야오방과 주룽지朱鎔基로 이어졌다.

마오쩌둥은 혁명가인 동시에 시인이었다. 그는 창사에 있는 후난 제1사범대학을 다녔다. "모든 혁명 당파, 혁명 동지는 장차 그들(농민) 앞에서 그들의 검증을 받고, 취사선택을 결정해야 할 것이다. 그들 앞에 서서 그들을 영도할 것인가? 그들의 뒤에 서서 손짓 발짓 하며 그들을 비판할 것인가? 아니면 그들과 맞서 반대할 것인가? 모든 중국인은 이 세 가지 중 하나를 선택할 자유를 갖고 있다. 단, 시국은 당신에게 빠른 선택을 강요한다." 1927년 3월 마오가 집필한 『후난 농민운동 고찰 보고』의 내용이다. 마오 특유의 농민혁명론은 창사에서 탄생했다.

마오와 중국공산당에 창사는 혁명의 심장이었다. 귤자주 석벽에 새겨진 '심원춘 창사沁園春 長沙'에는 혁명의 기개가 가득하다.

추운 가을 홀로 샹장강이 북으로 흐르는 귤자주에 서서獨立寒

秋, 湘江北去, 橘子洲頭

바라보니 뭇 산은 두루 붉고 층층 숲 모두 물들다看萬山紅遍, 層
林盡染

푸른 강물 위 뭇 배는 흐름을 다툰다漫江碧透, 百舸爭流

매는 창공을 가르고 고기는 물속을 난다鷹擊長空, 魚翔淺底

만물은 늦가을 자유를 다툰다萬類霜天競自由

광활한 우주여, 아득한 대지에 묻노니 누가 흥망을 주재하나
悵寥廓, 問蒼茫大地, 誰主沈浮

벗과 더불어 헤엄치던 지난 일 생각하니 험난한 세월 많았네
携來百侶曾游. 憶往昔. 崢嶸歲月稠

함께 배우던 소년들 풍채와 재질이 한창 피어나恰同學少年, 風華正茂

서생의 의지와 기개 자유분방했노라書生意氣, 揮斥方遒

기울어진 세상 꾸짖고 가슴 울리는 글 쓰며指點江山, 激揚文字

통치배를 분토처럼 여겼노라糞土當年萬戶侯

기억하는가, 강 복판으로 헤쳐나갈 때 물결이 나는 배를 가로
막던 일을曾記否. 到中流擊水. 浪遏飛舟

몇 해 전, 죽은 마오가 산 오바마를 이긴 에피소드가 있다.
'심원춘 창사'의 마지막 문장 중 '중류격수中流擊水'가 2009년 1월 버
락 오바마 미국 대통령의 1기 취임사의 번역문에 사용되면서다.
오바마는 "희망과 원칙을 간직한 채 다시 한번 차가운 격류를 헤
치고 언제 불어닥칠지 모를 폭풍을 견뎌냅시다With hope and virtue, let

창
사

125

us brave once more the icy currents, and endure what storms may come"라며 취임사를 마무리했다. 백악관의 공식 중국어 번역에 언론들은 오바마가 마오쩌둥의 시를 인용했다고 보도했다. 당황한 백악관은 다음 날 '중류지주中流砥柱'로 공식 번역을 바꿨다. 이 단어 역시 다작의 마오가 『연합정부론』에서 사용했던 용어다. 취임사부터 오바마는 창사의 마오와 다퉜던 셈이다.

## 타의 추종을 불허하는 연예 프로그램의 메카

창사는 방송산업의 메카다. 후난방송국은 현재 중국 31개 성省·시市 방송국 중 최고 인기를 구가하고 있다. 특히 후난방송국이 제작한 연예오락 프로그램은 타의 추종을 불허한다. 미국 오디션 프로그램 〈아메리칸 아이돌〉의 형식을 빌린 〈슈퍼걸超級女聲〉로 전 중국을 강타한 뒤 이영애 주연의 〈대장금〉을 방영해 중국 내 한류韓流 확산에 결정적으로 기여했다. 최근에는 〈아빠 어디가〉란 프로그램 형식을 수입했다.

초나라는 무속이 번창했다. 귀신, 도깨비 이야기가 유난히 많았다. 창사 사람들은 매운 음식만이 아니라 귀신도 두려워하지 않는다. 귀신을 퇴치하는 방법을 다룬 민간 전설이 많다. 길을 가다가 귀신을 만나면 신발을 벗어 던져라, 귀신에게 쫓기느니 귀신을 쫓는 게 낫다, 문천상文天祥의 「정기가正氣歌」를 읊어라⋯⋯ 창사는 이처럼 신기神氣 넘치는 귀신의 고장이자 무속의 고향, 샤먼의 본 거지였다. 후난 사람은 귀신과 함께 춤추고 놀 줄 아는 천생 예인들 이다. 이런 후난인의 기질은 연예에 강한 도시 창사를 만들었다.

연예의 도시라고 해서 창사가 학문의 불모지는 아니다. 오히 려 그 반대였다. '천년학부千年學府'로 불리는 악록서원嶽麓書院이 그 증거다. 악록서원은 오대五代 승려 지선智璿이 열었다. 황제로부터 일곱 차례 편액과 책, 땅과 돈을 받았다. 주희朱熹가 여기서 강학했 다. 주자학뿐 아니라 양명학의 대가 왕수인王守仁도 이곳에서 '심즉 리설心卽理說'을 가르쳤다.

청나라 건륭제는 친히 '도남정맥道南正脈'이라는 편액을 하사했 다. "천여 년 초나라 땅 인재는 바로 이 악록서원에서 낳고 길러졌 으며, 근세기 이곳에서 길러진 상학의 영광은 태양과 그 빛을 다 툴 만하다千百年楚材道源于此, 近世紀湘學與日爭光." 악록서원 양 기둥에 새 겨진 대련對聯의 문구가 이곳이 인재의 산실이었음을 웅변한다. 빛 나는 별의 도시 창사의 최고 경쟁력은 바로 인재를 길러내는 악록 의 정신이다.

텐진

# 서구 문명의 세례를 받은
# **중국의 창**

쿠데타에 성공한 뒤 베이징으로 수도를 옮긴 영락제는
'천자가 건넌 나루'라는 뜻으로 톈진天津이란 이름을 내렸다.

고찰명 / 중국 도시 이야기

톈진天津시는 중국의 수도인 베이징의 관문도시다. 톈진의 신개발
구 '빈하이濱海 신구新區'는 상하이 푸둥浦東과 같은 국가급 전략개발
구역이다. 서울의 관문도시인 인천의 송도와 유사하다. 위상은 같
지만 외자 유치 성적은 하늘과 땅만큼 차이가 크다. 빈하이 신구
가 유치한 외국인 투자 총액은 송도의 100배에 달하는 460억 달러
에 이른다. 비약적으로 발전한 톈진의 어제와 독특한 문화적 배경
을 살펴본다.

**열강의 교두보, 조계 면적 중국서 가장 넓어**

14세기 말, 몽골이 세운 이민족 왕조인 원나라가 쇠락하자 전 중

국은 반란의 소용돌이에 휩싸였다. 난징을 점령한 명 태조 주원
장은 넷째 아들 주체朱棣(훗날의 영락제)를 연왕燕王에 봉하고 북벌을
명했다. 원의 대도大道(현재의 베이징)에서 몽골을 몰아낸 주체는 북
방에서 황제의 꿈을 키워갔다. 하지만 주원장은 제위를 장손인 주
윤문朱允炆(건문제)에게 물려주고 사망했다. 성난 주체는 조카를 치
기 위해 군대를 일으켰다. 주체의 쿠데타군은 소직고小直沽로 불리
던 지금의 톈진에서 배로 갈아타고 대운하를 따라 남하를 시작했
다. 이른바 '정난靖難의 변'이다.

　쿠데타에 성공한 뒤 베이징으로 수도를 옮긴 영락제는 '천자
가 건넌 나루'라는 뜻으로 톈진天津이란 이름을 내린 뒤 성을 쌓고
연못을 파도록 명령했다. 톈진이라는 이름의 유래다. 톈진이란 이
름은 그 밖에도 굴원의 대표작 「이소」 중 '아침에 은하수 나루를 떠
나朝發軔于天津兮'라는 구절에서 유래했다는 설과 하늘의 별자리 28
수 하위에 속한 별의 이름인 천진天津에서 유래했다는 설도 있다.

　황제의 나루터이자 별자리의 나루터였던 톈진은 청나라 말엽
이 되자 제국주의 열강의 중국 침략을 위한 교두보로 전락했다. 전
중국에서 조계租界의 수가 가장 많고 그 면적이 가장 넓은 능욕의
도시가 됐다. 조계는 조약을 통해 한 나라의 영토에 행정자치권과
치외법권을 갖는 합법적인 외국인 거주지를 할양한 지역을 말한다.
보통 반식민지 국가가 열강에 통상도시 안에 빌려준 땅을 말한다.

　당시 서구 열강은 1840년 아편전쟁에서 승리했음에도 중국
시장을 빠르게 장악하지 못해 속을 태우고 있었다. 마침 1856년

톈진

광저우에서 터진 애로호 사건은 2차 아편전쟁의 좋은 구실이 됐다. 서구 열강은 1858년 톈진 다구포대大沽炮臺를 점령해 톈진조약을 체결하고 베이징의 황실공원 원명원까지 약탈한다. 1860년에는 베이징조약을 통해 옛 톈진성의 여덟 배에 달하는 면적의 톈진 동쪽과 동남쪽 지역을 조계로 차지했다. 영국과 미국을 시작으로 1902년까지 프랑스, 독일, 일본, 러시아, 이탈리아, 오스트리아, 벨기에 등 9개국 조계가 톈진을 잠식해들어갔다.

제국주의 열강은 확보한 조계지를 자국 스타일의 건축물로 채워나갔다. 상하이 와이탄外灘에 견줄 만한 만국건축박물관이 탄생했다. 조계지의 도로 이름도 각양각색이었다. 보통의 중국 도시가 동서 도로를 가街, 남북 도로를 로路로 이름 붙이는 데 반해 해안선 때문에 대각선 도로가 발달한 톈진은 서북에서 동남쪽으로 향하는 대각선 도로는 로路, 동북—서남선은 도道라고 이름 붙였다.

약 70개의 도로를 차지했던 영국은 지금의 제팡베이로解放北路인 금융중심가 빅토리아도道를 비롯해 디킨스, 그리니치 등 유명인의 이름과 영국 지명을 따서 이름 붙였다. 프랑스 조계는 직위를 덧붙인 사람 이름을 차용했다. 지금의 하얼빈도를 디옹총영사로로 부르는 식이다. 독일 조계는 인명 이외에도 아라비아숫자와 알파벳을 이용해 1호가, 2호가, A가, B가 식으로 이름을 지었고, 러시아는 페테르부르크로와 같이 러시아 지명을 이용했다. 이탈리아조계는 마르코 폴로, 단테, 피렌체 등 낭만적인 이름을 사용했다.

조계를 통해 서구 문명의 세례를 받은 톈진은 각성했다. 서구를 따라잡기 위한 양무운동의 전진기지가 됐다. 철도, 전보, 전화, 근대교육 등이 중국 어느 지역보다 빠르게 보급됐다. 1903년 당시 직예총독 겸 북양통상대신이던 위안스카이는 톈진에 신도시를 건설한다. 중국 최초로 서구 현대 도시계획 이론을 채택해 '북양신성 北洋新城'이란 이름을 얻었다. 신해혁명 이후 북양군벌 휘하로 들어간 톈진은 1923년 당시 총통 리위안훙黎元洪에 의해 잠시 중화민국의 정부 소재지가 되기도 했다. 1928년 국민혁명군이 점령하면서 톈진특별시가 성립됐다.

일본군은 중일전쟁을 일으키고 영국 조계를 무력으로 점령했다. 일본 패망 후에는 미군 2만 명이 톈진에 진주해 조계지역에서 일본군의 항복을 받았다. 국공내전중이던 1949년 1월에는 톈진을 포위한 34만 명의 공산당군이 29시간의 전투 끝에 국민당군을 물리치고 톈진 인민정부를 수립했다. 신중국 성립 직후 중앙직할시였던 톈진은 1958년부터 1967년까지 허베이河北성에 포함되기도 했다. 1976년 7월 28일에는 진도 7.8의 탕산唐山 대지진 여파로 톈진에서 2만 4345명이 사망하고 70여만 명의 이재민이 발생하는 비극을 겪었다.

## 19세기에 이미 외지인 천국… 문화의 교차로 구실

조계의 도시 톈진은 문화의 교차로다. 다원적인 문화가 중첩된 독

특한 도시다. 톈진사범대 탄루웨이譚汝爲 교수는 톈진을 열 가지 문
화코드로 해부한다. 첫째, 바다와 강海河의 문화다. 역사적으로 강
줄기를 자주 바꿨던 황허강은 세 차례 톈진 부근을 거쳐 발해만으
로 흘러들어갔다. 또 대운하와 다칭강大淸河, 융딩강永定河이 톈진을
지난다. 즉 톈진의 존립 기반은 물이다. 물의 문화는 유동적이다.
톈진의 개방성과 포용성, 다원성은 모두 물에서 나왔다.

둘째, 성城 문화다. 1920년대까지 남아 있던 톈진의 옛 성은
고아高雅한 문화의 요람이었다. 성곽 안은 북쪽은 부유하고, 동쪽
은 고귀하고, 남쪽은 천하고, 서쪽은 가난했다. 톈진 성곽을 따라
서는 공북拱北, 정남定南, 안서安西, 진동鎭東 4대문이 자리잡았다. 성
안에는 문묘, 서원, 근대 교육시설과 문화 명인들의 옛집이 수많
은 이야기를 품은 채 지금까지 전해내려온다.

셋째, 사묘寺廟 문화다. 톈진에는 마조媽祖 여신을 모시는 사
당, 공자를 제사 지내는 문묘와 관우를 모신 사당을 비롯해 대비
원大悲院까지 도교, 유교, 불교 사원이 다양하다. 그뿐 아니라 이슬
람 사원, 천주교 성당까지 다양한 종교 사원이 혼재한다. 토착 주
류 문화가 약하고 유동성이 강한 항구도시 톈진의 주민들은 기복
신앙을 발달시켰고 여러 종교를 폭넓게 받아들였다.

넷째, 이민 문화다. 1845년 기록을 보면 당시 톈진의 토착민
은 740호로 전체 거주민 총수의 2.28퍼센트에 그쳤다. 톈진은 외
지인의 천국이었다. 이민자 사회도 상중하 등급으로 나뉘었다. 하
층 이민자들은 근대 공장의 노동자, 항구의 하급노동자 쿨리, 인

력거꾼, 길거리 소매상을 비롯해 걸인까지 대도시의 밑바닥을 전전했다. 중산층 이민도 톈진으로 몰려들었다. 중소기업가, 지식인, 경영자, 과학기술자, 예술가 들이 톈진 문화의 중추를 맡았다. 군벌정객, 망한 청나라의 유신, 지방 부호 등 상층 이민자들은 톈진 조계지역으로 흘러들어와 톈진시의 돈줄 구실을 톡톡히 수행했다. 대규모 이민은 남북과 아속雅俗이 뒤섞인 다양성의 자양분이 됐다.

다섯째, 군사 문화다. 명나라 영락제는 베이징 천도 후 톈진의 군사적 중요성을 의식해 군사기지인 위衛를 설치했다. 제국의 수도와 제일 가까운 해변의 방어를 맡겼다. 주둔 병사, 조운 수비병, 이홍장李鴻章의 회군淮軍, 위안스카이의 신군新軍이 톈진을 무대로 활약했다. 군인과 가속이 모여 살았던 톈진은 호탕하고 진솔하며, 호불호가 분명하고, 의롭고 용맹한 문화를 만들었다. 의화단 사건과 톈진교안은 모두 톈진인 특유의 의협심의 발로였다.

여섯째, 조운漕運 문화다. 톈진은 역사적으로 북방 운하의 핵심지였다. 물류의 중심으로 교통의 중추였다. 해양신인 마조묘가 세워진 이유다. 조운은 남북의 곡물과 소금의 유통뿐 아니라 문화의 교류와 융합을 가져왔다. 톈진은 수도의 문화와 이 지역에 있었던 연燕·조趙나라의 문화, 산둥의 제노齊魯 문화뿐 아니라 강남과 멀리 푸젠, 광둥의 민閩·월粤 문화까지 용광로처럼 녹여냈다.

일곱째, 개항장 문화다. 조운을 통한 상업의 기회와 소금 유통업의 발달은 톈진을 일약 북방 최대의 상업도시로 변화시켰다.

텐진은 150여 킬로미터에 이르는 해안선을 따라 염전이 발달됐다. 지금도 연간 240만 톤의 소금이 생산된다. 중국 전체 생산량의 10분의 1을 차지한다. 거대한 소금상인들은 문화의 스폰서 구실을 도맡았다. 명청대 이후에는 안후이, 광둥, 푸젠, 저장, 장쑤 등 남방 각 성의 상인들이 텐진으로 모여들었다. 각각 동향 회관을 만들어 조직을 꾸리고 상업활동을 펼쳤다.

여덟째, 부둣가 문화다. 청대 이후 텐진은 수재 등 자연재해를 당한 난민의 집결지였다. 부둣가의 시장 문화는 경극과 같은 민간예술을 발달시켰다. 또 거우부리狗不理 만두와 같은 특색 있는 음식도 탄생시켰다. 부둣가에는 유동 인구가 많다. 이러한 환경은 개방성과 포용성을 가져왔고, 경쟁력과 위기의식, 자유정신과 적응능력도 생겨나게 했다.

아홉째, 앞에서 본 조계 문화다. 통상항구 텐진은 자본주의 세례를 받았고, 교회, 서양식 상점과 상가 들이 밀려들어왔다.

마지막으로 자선 문화다. 명청대 텐진의 염상 부호들 가운데는 독실한 불교신자가 많았다. 선을 베푸는 데 아낌이 없었다. 자선소, 보육시설이 속속 생겼다. 지역의 유력자 신사紳士들은 자선기구를 경쟁적으로 만들었다. 이처럼 복합적인 문화적 DNA를 가진 텐진은 지금 빈하이 신구에 유럽 에어버스 조립공장을 유치하는 등 첨단산업과 금융의 중심지로 미래를 향한 재도약을 준비하고 있다.

# 황제의 금고에서 제국의 상점,
## 다시 세계의 시장으로

"우리에게 신이 있다면 그것은 곧 돈이다."

1911년 일어난 신해혁명은 2133년간 이어진 중국의 황제지배체제를 무너뜨렸다. 혁명의 시작은 우한 신군의 봉기였지만, 혁명의 주역은 쑨원孫文. 1866~1925이었다. 광저우廣州는 쑨원의 고향이다. 쑨원의 동상을 앞에 두고 '천하위공天下爲公' 현판을 건 중산기념당은 광저우의 중심이다. 제국의 상점이자 혁명의 고향이며 요리의 천국 광저우로 떠나보자.

### 장사하는 도시로서 오랜 역사

광저우는 다위大庾, 치톈騎田, 멍주萌渚, 두팡都龐, 웨청越城 등 다섯 준령五嶺의 남쪽, 즉 영남嶺南 요지에 위치한 도시다. 중원 문화의

137

광저우는 독특하다. 남월南越의 땅 광저우는 중원의 문화를 취사선택해
독자적인 남방 문화를 창조했다. 사진은 단오절을 맞아 광저우 리즈만
에서 열린 용선龍船 축제 현장이다. 사진 왼쪽에 광저우 특유의 월극越
劇 배우들이 노래하고 있다.

세례를 받은 한인漢人들에게 광저우는 지나친 변방이었다. 하늘은 높고 황제는 멀었다. 제국의 변방 광저우는 죄인의 유배지이기도 했다. 황제로부터는 멀었지만 바다를 마주했기에 외부 세계와는 가까웠다.

『품삼국品三國』이라는 독특한 삼국지 해설서를 쓴 이중톈은 『독성기』라는 저서에서 중국의 도시들을 품평한 바 있다. 그는 베이징은 성城이요, 상하이는 탄灘이라고 말했다. 베이징은 정치의 도시, 상하이는 여울과 개방의 도시라는 뜻이다. 그렇다면 중국의 3대 도시 광저우는 뭘까? 이중톈에 따르면 광저우는 '시市'다. 장사하는 도시란 뜻이다. 성은 우아하지만 시장은 세속적이다.

중국인은 '몐쯔面子'라고 하는 체면을 중시한다. 광저우 사람들도 체면을 중시하지만 베이징 사람들과는 약간 다르다. 그들은 몐쯔 대신 페이스菲士라는 말을 쓴다. 영어 face를 음차한 말이다. 북방의 체면이 정치적이라면 광저우의 체면은 경제적이다. 얼굴이 없을 수 없듯이 광저우 사람은 명품 시계와 명품 안경을 써야 한다. 페이스를 위해서다. 가장 페이스가 있는 사람은 '보스波士'다. 이 또한 영어 boss의 음역이다. 사장, 지도자, 상사는 아랫사람에게 지시를 내린다. 위엄이 넘치니 페이스가 충만하다.

시장으로서 광저우의 역사는 길다. 광저우는 진시황이 점령한 후 남해군南海郡을 설치하면서 제국에 편입됐다. 한나라와 당나라 시절에는 해상 실크로드의 출발지로 번성했다. 당나라 시절 광저우항에는 하루 평균 11척, 한 해 4000여 척의 외국 선박이 입항했다. 1년간 연인원 80만 명이 광저우 시장을 누볐다. 멀리 페르시아에서 온 상인들의 집단 거주지 번방蕃坊이 설치됐다.

명청대에 들어 황제는 바다로 향한 중국의 문을 닫아걸었다. 쇄국정책을 시행한 것이다. 중국 남해의 대항구 광저우에 시련이 닥쳤다. 그러나 청나라 황제는 영리했다. 광저우는 특별대우를 해주었다. 13행行(독점 상점)을 설치해 외국인과의 교역을 허가했다. 제국의 상점이 부활했다. 광저우 13행은 독점적 지위를 이용해 막대한 부를 쌓았다. 전 중국의 재정수입이 800만 냥 정도였던 청나라 가경嘉慶 10년(1805) 광저우가 걷어들인 관세는 164만 냥에 이르렀다. 천자의 남녘 금고 구실을 톡톡히 수행했다.

광저우 상인들은 "우리에게 신이 있다면 그것은 곧 돈이다"라고 외칠 정도의 배금주의자들이다. 그들은 고통과 어려움을 참고 견디는 특유의 츠쿠吃苦 정신과 서구 상인들의 트레이드마크인 경쟁과 개척정신을 한데 녹여냈다. 뼛속까지 장사치가 광저우 상인들이다.

광저우 13행 가운데 이화행怡和行의 창시자 오병감伍秉鑒. 1769~1843은 대표적인 광저우 상인이다. 2001년 미국 월스트리트저널이 1000년 동안 세계에서 가장 부유했던 50인을 선정했을 때 오병감은 여기에 포함된 중국인 6명 가운데 한 명이었다. 영국 동인도회사의 최대 채권자였으며, 동인도회사가 자금이 부족하면 그에게 급전을 요청할 정도의 큰손이었다. 그는 각종 국내 부동산, 차 농장, 점포 등을 경영했을 뿐 아니라 미국 철도에도 투자했고, 주식과 보험업에까지 손을 뻗쳤다. 요즘으로 치면 다국적 문어발 기업의 오너였던 셈이다. 1840년 아편전쟁이 광저우에서 발발하면서 13행의 독점 무역이 끝났다. 오병감의 타고난 재운도 시운을 이기지는 못했다.

오랜 침체기를 거친 제국의 시장 광저우는 덩샤오핑에 의해 부활했다. 1992년 초 남순강화南巡講話에 나선 덩샤오핑은 광저우 인근 선전深圳, 주하이珠海 등을 돌며 "자본주의에도 계획이 있고 사회주의에도 시장이 있다"며 사회주의 시장경제 도입을 선언했다. 일부 보수파 원로를 향해서는 개혁개방에 반대하는 자는 지위 고하를 막론하고 실각시킬 것이라고 외쳤다. 그의 '혁명' 같은 실험은 성공했다.

캔톤 페어Canton Fair로 불리는 중국 수출입상품교역회는 제국의 시장 광저우의 부활을 알리는 상징적인 행사다. 1957년부터 한 해에 봄가을로 두 차례 열리고 있다. 캔톤 페어는 6만 개 가까운 부스가 꾸려지며 전 세계 200여 개 국가, 20만 명 이상의 바이어가 몰려드는 규모를 자랑한다. 캔톤 페어의 규모와 계약 체결량은 중국 수출의 선행지표이자 세계 경제의 바로미터로 자리잡았다. 캔톤 페어는 광저우가 제국의 시장에서 세계의 시장으로 변화했다는 증거다.

## 아편전쟁 이후 혁명의 고향으로

중국의 역사를 만일 둘로 나눈다면 어디서 나누어야 할까. 대부분 역사학자들은 아편전쟁이 발발한 1840년을 꼽는 쪽이다. 찬란했던 중화제국이 여타 식민지만도 못하다고 해서 붙은 이름인 차次 식민지의 나락으로 떨어진 기점이기 때문이다. 지금 중국공산당이 재현하고자 하는 부흥(르네상스)의 시점도 1840년 이전이다.

"바꿈이란 궁하면 변하고 변하면 통하며 통하면 오래간다易窮則變, 變則通, 通則久." 『주역』에 나오는 말이다. 광둥인들은 독특한 변통變通의 사고방식을 갖고 있다. 그들은 아편전쟁을 겪으면서 눈을 크게 뜨고 세계를 보았다. 캉유웨이康有爲, 1858~1927, 량치차오梁啓超, 1873~1929 같은 걸출한 사상가가 광저우에서 나왔다. 계몽의 고향이 됐다. 광저우는 산맥을 등지고 바다를 향하고 있다. 그들이 모험정신을 갖게 된 이유다.

화려한 제국의 상점이었던 광저우는 아편전쟁 이후 혁명의 고향으로 탈바꿈했다. 천지회天地會 반란, 홍수전의 태평천국, 쑨원의 신해혁명, 국민당의 황푸군관학교와 북벌전쟁, 중국공산당의 광저우 기의起義를 비롯해 덩샤오핑의 체제 '혁명'까지 수많은 변혁이 광저우에서 시작돼 북방을 향했다.

광저우 출신 혁명가인 국부 쑨원은 최고의 혁명 영웅이다. 여기서 문제를 하나 내보겠다. 세계에서 가장 많은 도로 이름은 뭘까? 정답은 바로 쑨원의 호를 딴 중산로中山路다. 총 187개다. 중

광저우

산로를 포함해 쑨원을 기념하는 이름을 딴 도로는 타이완과 중국을 합쳐 도합 326개로 조사됐다. 마오쩌둥로가 한 곳도 없는 것에 비하면 중국에서 쑨원의 위상은 독특하다. 게다가 각 도시의 중산로는 번화한 도심의 남북을 가르는 곳에 자리잡고 있다. 광저우의 중산로는 1925년 그가 서거한 해에 명명됐다. 5·30 운동으로 불리는 대파업이 열린 혁명의 발원지다. 베이징에는 지금 중산로가 없다고? 그렇지 않다. 1920년대 톈안먼 앞 남북 축선이 바로 중산로였다. 신중국 수립 이후 광장이 조성되면서 톈안먼 광장이 중산로를 대체했다.

## 중국 4대 요리 중 하나… 메뉴가 5457개

"음식은 광저우에서食在廣州"라는 말이 있다. 광저우 사람들은 먹는 것을 무척 중시한다. 먹을거리의 천국이다. 베이징, 상하이, 쓰촨 요리와 함께 중국 4대 요리로 꼽힌다.

요리와 관련하여 광저우의 특징은 크게 세 가지다. 첫째, 재료가 다양하다. 심지어 거머리까지 먹는다. 뱀 요리도 다양하다. 살쾡이와 뱀을 싸우게 한 뒤 진 쪽을 잡아 요리한 용쟁호투龍爭虎鬪라는 요리까지 있을 정도다. 하늘을 나는 것, 땅을 기는 것, 물속에 헤엄치는 것 모두 식탁에 오른다. 고양이, 개, 원숭이, 뱀, 비둘기 모두 먹는다. 그러다보니 메뉴의 수도 무궁무진하다. 1965년 열린 광저우 요리전람회에서 소개된 메뉴가 5457개에 달했다. 광저우에서 중증 급성호흡기증후군SARS. 사스이 유행했던 이유를 무분별한 먹을거리 문화에서 찾기도 한다.

둘째, 요식업의 천국이다. 최근 조사에 따르면 광저우에 소재한 요식업체 수가 수만 개에 이르는 것으로 밝혀졌다. 그중 대다수가 '삼차三茶, 양반兩飯, 일소야一宵夜(모닝 티·애프터눈 티·나이트 티, 오찬, 만찬, 야참)'식 영업을 한다. 24시간 경영을 한다는 뜻이다.

셋째, 전 세계 요리의 집산지다. "광저우 음식을 먹는다食廣州"가 아니다. "광저우에서 먹는다食在廣州"는 말이 적확하다. 개혁개방 이래 무수한 세계 유명 레스토랑이 광저우에 분점을 냈다. 한국, 일본, 베트남, 인도, 이탈리아 요리 등 전 세계 요리가 한데 모여 있다. 광저우의 요식업 총매출액은 한 해 수백억 위안을 능가한다. 1인당 연평균 외식비는 중국 넘버원이다.

# 보시라이로 기억되는
# 인구 3300만의 메트로폴리스

중국은 지금 '세계의 공장'을 지나 '세계의 시장'으로 탈바꿈중이다.
내수도시 충칭은 한국 기업들에게 포기할 수 없는 정면승부처다.

인구 3300만 명의 메트로폴리스 충칭重慶시는 1997년 중국의 네번째 직할시로 독립했다. 2012년 초 보시라이薄熙來 당서기 몰락으로 세계 사람들의 주목을 받았던 '붉은 도시'다. 보시라이의 몰락은 성장보다 분배를 중시한 '충칭모델'의 퇴장을 의미한다. 장제스의 국민당 정부는 충칭을 임시수도로 삼아 항일전쟁을 치렀다. 대한민국 임시정부와 광복군도 잠시 머물렀다. 중국식 샤부샤부인 훠궈火鍋와 미녀의 고장, 충칭으로 떠나보자.

### 대외 통상항구로 처음 개방된 내륙도시

충칭은 창장강長江 상류와 유수로 불리던 자링강嘉陵江이 합류하고,

험준한 산이 사방을 둘러친 '산수지성山水之城'이자 수로 교통의 요새다. 물산이 풍족해 '천부지국天府之國'으로 불리는 쓰촨으로 들고 나는 길목이다.

> 가을밤 아미산엔 반달이 걸려 있고峨眉山月半輪秋
> 달그림자 평강강에 비쳐 강물 따라 흘러가네影入平羌江水流
> 한밤에 청계를 떠나 삼협으로 향하는데夜發淸溪向三峽
> 그대 생각하나 만나지 못하고 유주로 내려간다思君不見下渝州

시선 이백이 「아미산월가峨眉山月歌」에서 노래한 유주가 지금의 충칭이다. 고대에는 파巴나라의 땅이었다. 파나라 사람들은 상무尙武정신이 탁월했다. 전국시대 파나라에 내란이 발발했다. 파나라의 유명한 장군인 파만자巴蔓子는 내란 진압을 위해 세 곳의 도시를 담보로 초나라에 원군을 청했다. 초나라 군사의 도움으로 반란을 진압했지만 그는 차마 약속한 국토를 떼어줄 수 없었다. 파만자는 자결한 뒤 자신의 머리를 초나라에 보냈다. 초나라 왕은 장군의 충정에 감동해 도시를 요구하지 않았다. 목숨으로 땅을 지킨 셈이다. 훗날 당 태종은 파만자 장군을 기리기 위해 지명에 '충忠'을 하사했다. 충칭시 중忠현의 유래다.

충칭이란 이름은 송나라 때 유래했다. 당시 이곳에서 반란의 기운을 포착한 황제는 '공순하라'는 의미로 지명을 공주恭州로 바꿨다. 1189년 정월 송나라 효종은 아들 조돈趙惇을 공왕恭王에 봉했

다. 조돈은 왕에 봉해진 지 한 달 만인 2월 광종光宗으로 제위에 올랐다. 이에 '경사가 두 번 겹쳤다雙重喜慶'라는 뜻의 중경부重慶府로 승격됐다. 하지만 기쁨도 잠시였다. 남송은 충칭의 조어성釣魚城을 근거로 몽골 군대와 36년에 걸쳐 처절한 항전을 펼쳤다.

송나라 군대의 상대는 당시 세계 최강 몽골제국의 4대 황제인 몽케 칸(헌종)이 이끄는 군대였다. 몽케는 쓰촨을 우회해 창장강 남쪽 송나라의 심장을 노렸다. 5만의 몽골군은 5000명이 지키는 조어성에서 200여 차례의 크고 작은 전투를 벌였다. 몽케 칸은 1259년 조어성 전투중 풍토병으로 사망했다. 세계 최강국의 지도자가 충칭에서 돌연사한 것이다. 1276년 남송의 수도 임안臨安(오늘날의 항저우)이 함락된 뒤에도 충칭은 3년간 항전을 계속했다. 몽골의 지배는 영원하지 못했다. 1363년 홍건군의 영수 명옥진明玉珍은 충칭을 수도로 하夏나라를 세우고 스스로 황제라 칭했다.

충칭은 내륙 도시로는 처음으로 개방된 대외 통상항구였다. 1876년 청나라가 영국과 옌타이煙臺조약을 맺어 영국 영사관이 처음으로 세워졌다. 1895년에는 청일전쟁 패배로 맺어진 시모노세키조약으로 일본에 개방됐다. 1937년 중일전쟁이 발발하고, 불리한 전세에 몰린 국민정부는 1938년 10월 충칭을 전시 임시수도로 삼고 일본과 맞섰다. 원나라 말에 이어 두번째로 충칭은 대륙의 수도가 됐다.

1945년 일본이 패퇴하자 당시 주중 미국대사 패트릭 J. 헐리의 중재로 마오쩌둥과 장제스가 충칭에서 만났다. 43일간 치열한

국공담판이 벌어졌다. 그 결과 '쌍십협정'이 맺어졌다. 마오쩌둥과 장제스가 함께 처음이자 마지막으로 사진을 찍은 곳은 장제스의 쩡자옌曾家巖 관저다. 저우언라이가 중국공산당 남방국 사무실로 사용하던 주공관周公官과 '스파이 마스터'로 불리던 국민당 중앙군사위원회 조사통계국軍統의 수장 다이리戴笠의 관저가 인근에 있다. 장제스는 쩡자옌 관저 외에도 충칭에 세 곳의 관저를 더 운영했다. 국공담판이 벌어졌던 구이위안桂園 관저, 황푸군관학교의 후신인 국민당 중앙정치학교가 옮겨왔던 곳에 위치한 샤오취안小泉 교장 관저, 지금은 항전유적지박물관으로 사용하고 있는 황산黃山 관저가 그곳이다.

## 충칭의 양대 세력, 포가와 방망이부대

2007년부터 4년간 충칭의 '제후'로 군림한 보시라이는 폭력배를 근절하겠다며 대대적인 타흑打黑운동을 벌였다. 충칭의 뿌리깊은 '조직' 문화를 퇴치하려는 캠페인이었다. 보시라이는 이 캠페인으로 인기도 얻었다. 충칭의 '조직' 문화는 17세기로 올라간다. 중국 땅을 장악한 만주족의 청나라는 한족에게 변발을 강제했다. 머리카락 아니면 머리를 요구했다. 자연스럽게 한족은 명나라를 재건하려는 비밀조직을 곳곳에서 만들어 항거했다.

충칭에서 활약한 비밀조직 이름은 '포가袍哥'였다. '도포 입은

151

사내'라는 뜻이다. 1980년대를 풍미했던 영화 〈영웅본색〉에서 저우룬파가 연기한 긴 코트 자락 날리던 소마 캐릭터가 전형적인 포가 스타일이다. 청나라 말기 포가는 철도 국유화를 반대하는 보로保路운동을 주도했다. 포가들의 철도주권 보호운동은 신해혁명의 도화선이 됐다. 비밀결사로 운영되던 포가는 철의 규율로 무장했다. 군신, 부자, 형제, 부부, 친구 사이의 실천덕목인 오륜五倫과 효, 제, 충, 신, 예, 의, 염, 치의 여덟 가지 덕八德은 포가들의 생활신조였다.

'방망이부대棒棒軍'도 충칭 특유의 세력이다. 항구도시인 충칭에는 짐을 나르는 짐꾼들이 많다. 이들은 긴 나무 몽둥이를 어깨에 지고 몽둥이 양 끝에 줄로 짐을 매 균형을 맞춰 날랐다. 충칭은 유난히 언덕이 많다. 몽둥이 짐꾼들이 도처를 누빈다. 정확한 통계는 없지만 지금도 10만에서 40만 명의 방망이부대가 충칭에서 활동하고 있다. 옛날 한국 시장에 지게꾼이 있었고 지금은 택배기사들이 활약한다면, 충칭에는 방망이부대가 같은 역할을 하는 셈이다. 1996년 텔레비전 드라마 〈산성의 방망이부대山城棒棒軍〉가 방영돼 큰 인기를 끌었다. 힘든 육체노동에도 꿈을 잃지 않는 그들의 모습에 시청자들은 환호했다. 훠궈, 미녀, 방망이가 충칭의 3대 명물이 됐다.

## 한국 기업은 충칭 공략 나설 때

충칭은 소비도시다. 쓰촨성 청두와 함께 중국의 전형적인 내수지향 도시다. 임가공과 수출 모델로 발달한 도시가 아니다. 중국은 지금 '세계의 공장'을 지나 '세계의 시장'으로 탈바꿈하고 있다. 추진중인 한중 자유무역협정FTA 체결은 중국의 내수시장이 한국에 열리는 천우신조의 기회다. 내수도시 충칭은 중국 내수에서 새로운 활로를 찾아야 하는 한국 기업들에게 포기할 수 없는 정면승부처다.

2012년 18차 중국공산당 전국대표대회 이후 충칭의 신임 '제후'로 쑨정차이孫政才가 취임했다. 농업부 장관을 거쳐 지린吉林성 서기를 지낸 쑨정차이는 6세대 지도자 그룹의 선두주자다. 또다른 차기 주자인 후춘화胡春華 네이멍구 서기는 광둥성 서기가 됐다. 왕양汪洋과 보시라이가 각각 광둥모델, 충칭모델을 내세워 차기 상무위원 진입을 노리던 것과 같은 구도다. 충칭은 광둥과 함께 차기 지도자의 담금질 코스가 됐다.

# 충칭의 명소

★ **홍애동洪崖洞** 충칭 전통의 산비탈에 기대어 지은 '조각루吊脚樓'식 건물이다. 언덕의 1층이 강가의 11층이 되는 방식의 건물이다. 과거 충칭 12경 중 하나인 '홍애동의 폭포물 떨어지는 모습洪崖滴翠'을 볼 수 있는 곳이다.

★ **십팔제十八梯** 베이징에 서민들의 뒷골목 후통胡同이 있다면, 충칭에는 '열여덟 계단'이 같은 분위기를 풍긴다. 명나라 시절 우물이 있던 곳으로 주민들 거주지 사이에 18개의 돌계단과 함께 있었다 하여 붙은 이름이다.

★ **아령공원** 2010년 중국의 최대 흥행영화 〈양자탄비讓子彈飛〉의 배경인 아성鵝城과 이름이 같다. 거위鵝 머리를 닮았다고 해서 붙은 이름이다. 청나라 말기 초대 충칭상회 회장의 별장터로 신중국 성립 후에는 서남군구사령부 주둔지였다. 쓰촨 출신 덩샤오핑이 이곳에 머물렀다. 지대가 높아 충칭의 전경을 보는 명소로 유명하다.

★ **창장케이블카** 충칭의 '공중 복도'로 불린다. 충칭의 랜드마크다.

★ **자기구磁器口** 옛 전통 분위기가 물씬 풍기는 거리로, 충칭의 인사동이다. 1800여 년의 역사를 자랑한다. '강 하나, 개천 둘, 산 셋, 도로 넷一江兩溪三山四街'을 품고 있다. '작은 충칭小重慶'이란 애칭으로 불린다.

★ **래탄고진淶灘古鎮** 중국의 10대 아름다운 거리 중 하나로 꼽힌다. 고성이 아름다운 윈난성의 리장麗江과 비슷한 분위기 때문에 '충칭의 리장'이란 별칭이 붙었다.

★ **가락산歌樂山** 과거에는 충칭 12경 중 하나인 '가락영음歌樂靈音'으로 유명했다. 운정사雲頂寺의 12개 청동방울에서 나는 소리로 명성을 얻었으나 국공내전을 거치며 혁명의 무대로 탈바꿈했다. 충칭이 국민당의 수도였을 당시 지하에서 활약하던 공산당원의 활동 근거지였다. 소설 『홍암紅巖』의 무대가 이곳이다. 보시라이가 충칭에서 혁명가요 부르기 캠페인인 '창홍唱紅'을 펼친 것도 충칭의 이런 뿌리깊은 혁명 전통이 배경이 됐다.

★ **조천문朝天門** 충칭의 상징이다. 창장강과 자링강이 합쳐지는 두물머리에 위치한다. 충칭 서민들의 앞마당이다.

★ **해방비解放碑** 충칭에는 '3000년 강주성江州城, 800년 중경부, 100년 해방비'란 말이 있다. 충칭의 역사를 말한다. 충칭의 최대 번화가인 해방비 앞을 지나는 미녀들의 모습은 관광객들이 가장 선호하는 볼거리다.

고찰명 / 중국 도시 이야기

154

만주족과 일본이 노렸던
# 동북 3성의 중심

"동북을 취한 자, 천하를 얻는다."

중국의 행정구역은 성省─현縣─향鄕 3등급 체제다. 성은 보통 규모의 한 나라와 맞먹는 규모다. 현은 한국의 도道와 지리적으로 비슷한 크기다. 성과 현 사이에 지구地區급 행정구역을 설치했다. 중국에는 지구급 도시만 287개다. 1인당 국내총생산GDP과 인구수를 기준으로 1, 2, 3선 도시로 나눈다. 법적 기준은 없다. 선양瀋陽은 2선 도시의 선두주자다. "동북을 취한 자, 천하를 얻는다"는 말이 있다. 동북의 요충인 선양의 역사를 살펴본다.

## 양羊의 축복 깃든 풍요의 도시

예부터 동양에서는 도시의 이름을 지을 때 강의 북쪽에 자리잡은

청나라 초기 세워진 선양 고궁의 동쪽에 위치한 대정전大政殿
과 우익왕, 좌익왕 및 팔기八旗의 건물로 이루어진 십왕정十王
亭. 북방 기마민족의 이동식 텐트를 본뜬 건물로 만주·몽골·한
족의 건축양식이 융합돼 있다.

도시에는 양陽, 산의 북쪽에 위치한 도시에는 음陰을 붙였다. 한강 북쪽에 도성을 세운 서울의 옛 이름이 한양漢陽이었던 이유다. 선양은 '심수瀋水'로 불리던 훈허강渾河의 북쪽에 자리잡아 붙은 이름이다. 만주족은 '흥성하다'라는 뜻의 만주어 무크덴Mukden으로 불렀다. 중국인들은 양띠해 설날이 되면 삼양개태三羊開泰라는 인사말을 주고받는다. 『주역』의 괘 '삼양개태三陽開泰'에서 나온 말이다. 선양은 '신성한 양神羊'의 중국식 발음인 선양과도 같다. 양의 전설은 멀리 전국시대로 거슬러올라간다.

선양은 전국시대 연燕나라의 요충지였다. 군사 관측시설인 후候를 설치해 대규모 군대를 주둔시켰다. 군인 가족들을 이주시키고 성을 쌓아 '후성候城'이라 불렀다. 후성에는 착하고 부지런한 나무꾼 소년이 살고 있었다. 하루는 소년이 나무를 하던 중 울부짖는 짐승의 비명을 들었다. 소리가 들려오는 곳으로 달려가보니 흉포한 이리가 작은 양을 덮치기 직전이었다. 놀란 양은 도망치다 등나무 넝쿨에 얽혀 옴짝달싹 못하고 있었다. 소년은 나무막대로 이리를 쫓아버렸다. "앞으로 조심하고 어서 집으로 돌아가라." 소년은 새끼 양을 넝쿨에서 풀어주며 말했다.

며칠 뒤 새벽에 소년은 산에서 다시 양의 울음소리를 들었다. 살펴보니 큰 양 한 마리와 새끼 양 두 마리가 떠오르는 태양을 향해 울고 있었다. 주위에 맹수가 없는 것을 확인한 소년은 그냥 지나쳤다. 그날 밤 소년은 세 마리 양의 꿈을 꾸었다. 꿈에서 큰 양은 소년에게 선행에 대한 보답을 받을 것이라며 감사를 표시했다.

잠에서 깬 소년은 꿈이 하도 기이해 이 이야기를 주위에 전했다. 이 이야기는 곧 모든 성안 사람들에게 전해졌고, 그로부터 수십 년간 후성에는 농사에 적합한 날씨가 이어졌다. 풍년이 계속되자 사람들은 소년의 양을 '신성한 양神羊'이라고 불렀다. 성 이름도 후 성에서 신양성神羊城으로 바꿔 부르기 시작했다.

## 만주족의 중원 공략 교두보

청 제국 여명기에 수도 선정은 권력 다툼과 중첩됐다. 1583년 갑 옷 열세 벌과 30명의 측근을 이끌고 정복 사업을 시작한 후금의 초대 황제 누르하치는 세력을 키워 1625년 랴오양遼陽에서 선양으 로 천도했다. 산하이관을 넘어 베이징을 막 점령한 청나라가 베이 징과 선양 중 수도를 어디로 정할 것인가 하는 논쟁은 『조선왕조 실록』 인조 22년(1644) 8월 23일자에 자세히 기록돼 있다.

인조가 (병자호란 패배로 볼모로 끌려간 소현세자와 함께 선양과 베 이징을 다녀온) 이래에게 "팔왕八王(누르하치의 열두번째 아들 아지거) 은 베이징에 머무르려 하지 않는다고 하는데, 참으로 그런가?"라 고 물었다. 이래는 "팔왕이 구왕九王(누르하치의 열네번째 아들 도르 곤)에게 말하기를 '맨 처음 요동遼東을 얻었을 때 사람들을 살육하 지 않았기 때문에, 청나라 사람이 요동 백성들에게 많이 살해되었 다. 지금은 의당 이 군대의 위세를 타서 크게 살육을 자행한 다음,

선양

제왕들을 유치해 연도燕都(베이징)를 진정시키고, 대군大軍은 선양을 다시 가서 지키고 산하이관을 보호해야만이 후환을 없앨 수 있다" 하니, 구왕이 "선황제先皇帝께서 일찍이 말씀하시기를 '만일 베이징을 얻으면 즉시 도읍을 옮겨서 적극적으로 나아가 취하기를 도모해야 한다고 말했다. 더구나 지금은 인심이 안정되지 못했으니, 여기를 버리고 동으로 돌아가서는 안 된다'고 말했다. 이처럼 두 왕의 논의가 서로 맞지 않자 이로 인해 틈이 생겼다고 합니다"라고 인조에게 대답했다.

청나라 초기 누르하치와 태종 홍타이지에 이어 아지거와 도르곤이 각각 선양과 베이징을 수도로 정하고자 벌인 논쟁이다. 결국 베이징 천도를 주장한 도르곤이 순치제의 섭정으로 실권을 장악하고 1644년 베이징에서 순치제의 즉위식을 거행했다.

선양은 1625년부터 1644년까지 19년간 만주족의 수도였다. 이사이 6만제곱미터 넓이의 궁궐이 지어졌다. 누르하치가 시작해 홍타이지가 완성한 선양고궁은 원래 이름이 성경盛京궁궐로, 베이징 천도 이후에는 봉천행궁奉天行宮으로 불렸다. 이처럼 청나라에 선양은 베이징 정복의 교두보이자 중원 정벌의 요충이었다. 지금도 선양에는 누르하치의 복릉福陵과 홍타이지의 소릉昭陵이 자리잡고 있다.

## 만주사변의 도화선 류타오후 사건의 무대

일본에도 선양은 대륙 침략의 전진기지였다. 만주사변으로 불리는 류타오후柳條湖 사건의 무대가 바로 선양이었다. 1931년 봄 일본 육군 수뇌부는 동북에 친일정부를 세워 표면상으로 독립한 괴뢰국가를 만든 뒤, 일본이 직접 동북을 영유하고 병탐한다는 요지의 '국제정세판단'을 작성한다. 군부는 정부와 최종적으로 군사행동을 일으키더라도 1932년 봄까지는 안팎의 여론을 의식해 관동군이 독주하지 않겠다는 데 합의했다. 하지만 호전적인 관동군은 고분고분 기다리지 않았다.

류타오후는 선양 북쪽 교외의 한 촌락으로 뤼순旅順과 다롄大連에서 창춘에 이르는 남만주철도가 이곳을 통과했다. 이 때문에 철로 동쪽에 중국 육군 독립 제7여단의 주둔지 북대영北大營이 자리잡고 있었다. 관동군 고급 참모 이타가키 세이시로 대좌와 작전 주임참모 이시하라 간지 중좌는 북대영 부근의 남만주철도에서 폭발사건을 일으킨 뒤 중국 관병이 저지른 일로 조작해 이를 빌미로 침략전쟁을 발동하겠다는 음모를 세웠다.

관동군은 육군 수뇌부에 그들의 계획을 보고했다. 참모본부는 적극적인 협조를 약속했다. 8월 초 육군은 일찍이 군벌 장쭤린의 고문을 지냈던 중국통 혼조 시게루 중장을 신임 관동군사령관으로 임명했다. 디데이인 9월 18일 밤이 깊어지자 완전무장한 105명의 장병이 제2대대 제3중대장 가와시마 다다시의 지휘를 받아 북대

선양

영 북쪽에 집결했다. 9시쯤 가와시마는 공병 출신 가와모토 스에모리 중위에게 여섯 명의 병사를 인솔하고 철로 순경으로 위장해 만철 선로를 따라 남하할 것을 명령했다.

가와모토는 북대영에서 동남쪽으로 약 800미터 떨어진 지점에서 정지했다. 폭약을 레일 위에 설치하고 도화선에 점화했다. 10시 20분 전후였다. 거대한 폭발음이 심야의 정적을 깨뜨렸다. 사실 레일과 침목의 손상은 미미한 정도였다. 가와시마 중대장은 그 즉시 중대를 이끌고 현장으로 출동해 북대영을 향해 공격을 개시했다. 동시에 특무기관에는 중국군이 철로를 폭파해 일본군을 습격했다고 허위 보고를 올렸다. 이타가키 대좌는 보고를 받자마자 계획에 따라 독립수비대 제2대대와 제5대대에 북대영 공격을 명령했다. 제29연대에는 선양성 침입을 명령했다.

당시 난징의 국민정부 주석 장제스는 베이징 주재 동북변방군사령관 장쉐량에게 '일본군의 어떤 도발에도 저항하지 말 것'을 명령했다. 장제스는 국내를 평정하고 외적 대처는 뒤로 미룬다는 '선안내후양외先安內後攘外 정책'을 시행중이었다. 공산당 토벌이 시급했다. 일본과의 전쟁은 우선순위가 밀렸다. 일본은 이 틈을 노렸다. 사변이 일어나자 장쉐량은 통수권자의 명령에 따라 선양 주둔군에게 일본군에 절대 저항하지 않도록 지시했다. 북대영에 주둔하던 중국군 제7여단은 명령대로 순순히 철수했다. 그러나 일본군은 저항하지 않는 장병들을 무참히 학살했다. 19일 새벽 5시 반쯤 북대영을 완전히 장악한 일본군은 약탈과 방화를 자행했다.

북대영에서 중국 장병 4500여 명이 학살당했다. 일본군 사상자는 25명에 불과했다. 선양성의 중국 군대와 경찰 역시 일본군의 침입에도 별다른 저항을 하지 않았다. 일본군은 오전 6시쯤 선양성 점령을 완료했다.

관동군사령관 혼조 시게루는 18일 밤 11시쯤 뤼순에서 사건을 보고받았다. 혼조는 "관동군은 모든 전선에 출동해 중국 펑톈군을 공격하라"고 명령을 내린 뒤 사령부와 보병 제30연대를 이끌고 열차로 선양으로 향했다. 그는 이튿날 정오쯤 선양에 도착했다. 랴오양의 일본군 제2사단은 그보다 앞선 19일 아침 선양에 도착해 선양항공국, 병기공장, 동대영 등을 점령했다. 이로써 선양은 완전히 일본군 수중에 들어갔다. 선양을 장악한 일본군은 호시탐탐 중원 침략의 기회를 노릴 수 있게 됐다.

## 국공내전의 전환점 랴오선전역

1945년 8월 소련 홍군이 동북을 빠른 속도로 장악해내려왔다. 일본 패망의 직접적인 원인이었다. 9월부터 중국공산당은 간부와 병력을 동북으로 이동시켰다. 마오쩌둥은 동북야전군東北野戰軍의 전신인 동북민주연군東北民主聯軍을 결성해 전쟁의 귀재 린뱌오를 사령관에 앉혔다. 국민당은 미국제 최신 무기로 무장해 일본군과 버마전선에서 활약했던 정예 병력을 동북으로 파견했다.

일본 괴뢰정부 만주국의 군대와 경찰력은 국민당에 버림받았다. 그 대신 공산당에 포섭됐다. 동북의 새 주인 소련 홍군은 의외로 선양을 국민당에 넘겨주었다. 만주국의 수도였던 창춘마저 국민당에 내주었다. 공산당은 기습공격으로 창춘을 점령했다. 국민당의 공세가 계속되자 린뱌오는 의외로 창춘은 물론 동북 전 도시에서 병력을 철수했다. 그 대신 농촌 장악에 나섰다. 1946년 6월 국공내전이 폭발했다.

1948년 9월 12일 만주쟁탈전인 랴오선전역遼瀋戰役이 발발했다. 당시 선양은 국민당 동북 초비剿匪(공산당 토벌) 총사령관 웨이리황衛立煌이 장악하고 있었다. 린뱌오는 선양을 고립시키기 위해 우선 동북과 중원을 잇는 요충지 진저우錦州와 창춘부터 공격했다. 린뱌오는 전차 1개 대대를 앞세운 휘하의 6개 군을 동원해 진저우를 포위하고 별도로 2개 군을 동원해 국민당 증원군의 북진에 대비했다.

연전연승하던 동북야전군은 파죽지세로 10월 29일 선양을 완전 포위했다. 곧 휘하의 3개 부대를 동원해 선양 선제공격을 시작했다. 30일 웨이리황은 단신으로 비행기를 타고 선양을 탈출했다. 지휘권은 곧 8병단 사령관 저우푸청周福成에게 넘어갔다. 11월 1일 공산당군은 선양 총공격을 개시했다. 다음날 선양은 별다른 저항도 못하고 공산당군에 넘어갔다. 선양 전투에서만 2개 군 11개 사단 병력 13만 4000여 명이 전멸했다. 사령관 저우푸청마저 포로로 잡혔다.

랴오선전역에서 승리한 공산당군은 국민당군의 병력을 역전시켰다. 대륙에서의 국민당 패퇴는 선양을 잃는 순간 결정된 셈이다. 52일간 계속된 랴오선전역에서 국민당은 정예 47만 명을 잃었다. 사망 5만 6800명, 포로 32만 4300명에 공산당군으로 변심한 군인만 6만 4900명에 이르렀다. 공산당은 병력 6만 9000여 명을 잃었을 뿐이다. 장제스는 일본에 이어 공산당에 다시 한번 선양을 내주었다. 민간에 회자되던 "동북을 취한 자, 천하를 얻는다"는 말은 이로써 다시 한번 입증됐다.

## 만주를 지배한 동북왕 장쭤린, 장쉐량 부자

선양은 동북 3성의 중심이다. 청나라를 세운 만주족에 선양은 베이징의 '배도陪都'였다. 유사시 수뇌부가 자리할 제2의 수도였다는 의미다. 청조 멸망 후에는 '동북왕東北王' 장쭤린, 장쉐량 장씨 부자가 만주를 지배했다. 마적 출신의 장쭤린은 1915년 서울(당시 경성)을 방문했다. 데라우치 마사타케 조선총독과 회담을 가졌다. 일본을 돕겠다며 지원을 요청했다.

일본은 장쭤린을, 장쭤린은 일본을 서로 이용했다. 장쭤린은 일본의 도움으로 펑톈군벌을 키웠다. 베이징의 직예파 군벌을 도와 안후이성 군벌과의 전쟁에서 승리했다. 1922년에는 직예파 군벌과 전쟁을 벌였다. 결과는 패배였다. 일본이 다시 장쭤린을 도왔다. 1924년 2차 펑톈파는 직예파와 군벌전쟁을 벌였다. 펑톈파가 압승을 거두었다. 선양이 베이징을 배후에서 조종했다. 1928년 일본은 세력이 커진 장쭤린을 제거하기 위해 그가 탄 열차를 폭발시켰다. 부상당한 장쭤린은 선양의 저택 장씨수부張氏帥府에서 숨을 거두었다.

20대의 장군 장쉐량이 이끄는 펑톈파는 일본에 등을 돌리고 장제스의 손을 들어주었다. 동북역치東北易幟다. 장쉐량에게 일본은 부친의 원수였다. 그래서 공산당 토벌을 이유로 일본과 싸움을 미루는 장제스를 지지할 수 없었다. 장쉐량은 큰 도박에 나섰다. 장제스를 납치한 것이다. 국민당이 공산당과 연합해 항일에 나설 것을 촉구했다. 이것이 1936년 12월 발생한 시안사건이다.

궤멸 직전에 몰렸던 공산당은 장쉐량의 거사로 기사회생했다. 장쉐량은 이 일로 국민당 정부에 의해 50년형을 선고받았으며, 1990년 54년 만에 비로소 연금에서 해제됐다. 지금도 장씨수부는 선양의 관광명소다. 장씨 부자는 공산당으로부터 항일 애국자로 추앙받고 있다. 수많은 관람객이 이를 증명한다.

선양에는 조선족 동포 23만 명이 살고 있다. 한韓민족의 문화 인프라가 그만큼 탄탄하다. 2012년 7월 선양 CGV 싱싱星星 국제영화관 중제점中街店에 한중 여성 4인조 그룹 미쓰에이miss A의 이름을 딴 전용관이 문을 열었다. 중국 내 최초의 브랜드 영화관이다. 한국 젊은이들에게 인기 높은 스타리움, 스위트박스, 4D관 등 최신 시설을 갖춘 8개 영화관 1400석을 갖추었다. 미쓰에이의 뮤직

비디오가 영화 상영 전에 중국 관객을 유혹하고 있다. '국민 첫사랑' 수지가 대륙의 첫사랑이 될 기세다.

롯데그룹은 한 수 더 나아갔다. 동북의 디즈니랜드를 목표로 롯데월드, 백화점, 할인마트, 럭셔리호텔, 영화관, 아파트, 사무실로 이루어진 대규모 롯데타운을 구축하고 있다. 2012년 9월에 성대한 기공식을 가졌으며 하루 10만 명 이상의 고객을 유치할 계획이다.

선양

# '물은 푸른 비단, 산은 옥비녀'
# 그림 같은 풍광 속으로

구이린 사람이 되기를 바라지
신선이 되기를 바라지 않노라.
_천이

'산봉우리 세 개마다 두 개의 동굴이 있고, 이를 휘감아 흐르는 한 줄기 강三山兩洞一條江'. '산수갑천하山水甲天下'는 천하 절경 구이린桂林에 딱 맞는 표현이다. 구이린의 산은 푸르고山靑, 물은 빼어나며水秀, 동굴은 기이하고洞奇, 암석은 아름답다石美. 리장강漓江을 따라가는 뱃길 좌우로는 백리화랑百里畫廊이 펼쳐진다. 한 폭의 동양화 같은 구이린을 소개한다.

## 12개 봉우리 배경으로 펼치는 장이머우 '인샹류싼제'

1.654제곱킬로미터 넓이의 리장강을 무대 삼고 12개의 산봉우리를 배경 삼아 600여 명의 현지 농민 배우가 펼치는 산수실경山水實

류 공연. 5년 5개월의 준비 끝에 2004년 3월 20일 구이린에서 첫선을 보인 '인샹류싼제印象劉三姐(류씨 집안 셋째 딸)' 앞에 따라붙는 수식어다.

이 공연은 광시廣西 희극가협회 부주석인 메이쇄이위안梅帥元이 아이디어를 내고 2008년 베이징 올림픽 개막식을 총연출한 장이머우 감독과 손잡고 만들었다. 좡족壯族 사이에 전해내려오는 설화가 바탕이며, 중국 서남지방 소수민족의 노래를 주고받으며 겨루는 풍속극이 기본 틀이다. 노래의 달인인 류씨네 셋째 딸은 꾀꼬리가 환생한 듯 '노래하는 선녀歌仙'로 불렸다. 그녀가 영민한 동네 총각과 손잡고 부족장의 패륜 아들을 물리치고 사랑을 이룬다는 내용이다.

공연은 서막을 시작으로 장이머우 특유의 색채 마술이 홍색, 녹색, 금색, 남색, 은색의 순서로 70여 분간 펼쳐진다. 4000개의 조명 세트가 5~10킬로미터 떨어진 산에서 객석을 향해 빛을 뿜어 관객에게 강렬한 인상을 남긴다. 공연이 첫선을 보인 뒤 "낮에는 구이린의 자연을 보고, 밤에는 '인샹류싼제' 공연으로 구이린의 영혼을 본다"는 말이 회자됐다.

구이린에서 시작된 장이머우의 인샹 시리즈는 리장麗江, 시후호西湖, 하이난섬海南島, 우이산武夷山 등 중국의 명승지를 따라 흥행 행진을 계속하고 있다. 실경산수 공연이라는 장르를 창안한 메이쇄이위안은 장이머우와 별도로 사오린사, 화청지, 송나라의 수도 카이펑, 태산 등지에서 초대형 실경 공연을 이어가고 있다.

'인샹류싼제'의 흥행 성적은 놀랍다. 강변에 마련된 3000여 객석은 3만 5000원부터 13만 원까지 다양한 가격대로 선택의 폭을 넓혔다. 2009년 한 해 동안 497회 공연을 펼쳐 130만 명의 관객을 동원했다. 수입 총액은 482억여 원. 2004년 구이린에 위치한 호텔의 총 침대 개수는 6000개가 채 못 됐으나 인샹 공연이 시작된 지 2년 만에 1만 2000개로 갑절이 늘었다. '인샹류싼제' 공연이 구이린에 관광객 '폭탄'을 선사한 셈이다.

## 구이린 시인 원매의 기행문 「유계림제산기」

> 리장강을 거슬러 흥안에 이르니 물이 아주 맑구나江到興安水最清
> 푸른 산은 무리지어 물 가운데 솟아 있네靑山簇簇水中生
> 분명 푸른 산의 정상을 보았는데分明看見靑山頂
> 배가 푸른 산봉우리를 지나가네船在靑山頂上行

청나라 원매袁枚. 1716~1797가 지은 구이린의 노래다. 원매는 구이린의 대표 시인이다. 구이린의 산수에 푹 빠진 그는 250여 년 전 구이린의 모습을 「유계림제산기游桂林諸山記」에 담았다. 다음은 그의 기행기다.

일반적으로 산은 도시에서 멀다. 그러나 구이린의 산들은 도

시와 가깝게 붙어 있다. 바위산들의 특이함은 나도 일찍이 들은 바 있다. 한유韓愈는 "물은 푸른 비단으로 만든 띠 같고, 산은 벽옥으로 만든 비녀 같네"라고 했고, 유종원柳宗元은 "구이린에는 영산이 많은데 땅 위로 우뚝 솟아 사방에 숲처럼 서 있다"라고 했으며, 황정견黃庭堅은 "구이린의 산들은 안탕산처럼 도시와 이어져 있고, 평지에 푸른 옥이 문득 솟아 있는 것 같다"라며 찬사를 아끼지 않았다. 태수의 관아에서 객으로 머물던 나는 밥을 먹은 후 가벼운 마음으로 구경길에 올랐다.

첫번째 목적지는 유명한 독수봉獨秀峰이었다. 이 봉우리는 원반형인데, 넓은 동서는 단정하면서도 웅장하고, 좁은 남북은 험준하면서도 절경이라 평소 "남쪽 하늘을 받치는 기둥 가운데 하나"라는 말이 있을 정도였다. 산의 동쪽 기슭에는 남조 송나라 안연원顔延元이 책을 읽었다는 바위가 있는데 구이린에서는 가장 오랜 명승지다. 그는 "홀로 뛰어나지 않다면 성 밖에 우뚝 서리라"라는 말을 했는데, 독수봉이라는 이름은 여기서 유래했다. 돌계단을 300여 개쯤 올라가자 산 정상이었다. 그곳에서 구이린성을 바라보니 피어오르는 연기가 아름답게 떠다니는 모습이 그림 속의 한 장면 같았다.

다음날에는 남훈정南薰亭을 구경했다. 이 일대의 산세는 독수봉과 달리 비교적 평탄했다. 양쪽으로 끝없이 이어지는 능선을 멀리 바라보니 안개가 마구 피어오르는 것 같았다. 버드나무 그늘 밑에 자리한 정자에 앉자 가슴속에서 맑은 기운이 솟구쳐나오는 것 같아 기분이 아주 좋았다.

그다음 날에는 목룡동木龍洞으로 갔다. 목룡동은 남계산南溪山에 있는데, 동쪽으로 리장과 닿은 남계산은 산봉우리 두 개가 천 척 높이로 우뚝 솟아 있다. 비가 온 뒤 하늘이 갤 때면 운무가 걷히고, 점차 드러나는 햇살이 순백의 바위를 비추면 오색찬란한 빛깔을 반사하기 때문에 예부터 '남계신제南溪新霽'라는 이름이 있었다.

산기슭과 산 중턱의 많은 암굴 가운데 백룡동은 북쪽 절벽에 있었다. 이 동굴은 좁고 어둡기 때문에 불 없이는 전혀 경관을 볼 수 없다. 동굴 벽에는 당대 시인 이발李渤의 「유별남계留別南溪」라는 시가 새겨져 있었다. 아래로 드리운 종유석들은 마치 연밥 열매의 바깥 뿌리가 반쯤 익은 것 같기도 하고, 밀폐된 그릇 안의 변질된 고기처럼 한 조각씩 떼어낼 수도 있을 것 같았다. 사람에게 심장과 배와 신장과 창자 등의 기관이 있는 것처럼 산도 반드시 그런 것 같았다.

다음에는 유선劉仙이 약초를 캐고 연단을 했다고 전해지는 유선암劉仙巖으로 갔다. 동굴 안의 돌기둥에는 수많은 도사가 썼던 전서가 새겨져 있었다. 누각에 올라 투계산을 바라보니 그 모습은 마치 수탉이 날개를 펼친 듯 웅대했다. 울음소리를 들을 수 없다는 사실이 무척 아쉬웠다. 산 중턱의 텅 빈 동굴은 둥근 보름달처럼 보였다.

## 우아하고, 청량하고, 오묘한⋯ 천변만화하는 날씨

구이린과 리장강은 날씨에 따라 천변만화의 모습으로 다가온다. 먼저 맑고 바람 부는 날의 청경淸景이다. 포근한 바람결을 따라 흐르는 뭉게구름과 바람에 하늘거리는 나무와 꽃들은 마치 미녀의 몸을 감싼 옷자락같이 보는 이의 눈길을 사로잡는다. 둘째로 바람이 자고 물결도 잔잔한 날의 정경靜景이다. 강변의 사시사철 푸른 봉황죽鳳凰竹은 소녀의 치맛자락과 같이 우아하고 매혹적이다. 산봉우리를 드리운 그림자는 몽롱하면서도 또렷하게 다가온다. 달 밝은 밤이면 무리지은 봉우리들은 방금 목욕한 듯하고, 강 위의 물결은 하얀 명주 같아 신선의 고향에 온 듯하다.

　셋째로 비 내리는 우경雨景이다. 안개비가 내리면 리장강 사이로 구름이 피어오른다. 산봉우리와 세상이 숨은 듯 드러낸 듯, 끊어진 듯 이어진 듯 펼쳐진다. 빗속의 풍경은 나그네를 공허함이 메아리치는 오묘함 속으로 안내한다. 끝으로 안개 자욱한 무경霧景이다. 이른 새벽 리장강은 마치 꿈속인 듯 짙고도 옅은 안개가 산봉우리를 휘어감는다. 구천九天에 오른 듯 손을 뻗으면 구름의 그림자가 잡힐 듯하다. "구이린 사람이 되기를 바라지 신선이 되기를 바라지 않노라願作桂林人. 不願作神仙." 신중국의 상하이 초대 시장과 외교장관을 역임한 천이陳毅 장군의 말이다.

　해발고도 150미터 내외의 석회암 지형인 구이린은 진시황이 전국을 통일하기 이전에는 남만南蠻의 땅이었다. 서남지방은 날씨가 작물 재배에 적합하지만 땅은 넓고 인구는 적다. 1년 중 몇 개월만 농사지어도 생활에 큰 문제가 없다. 주위가 고산지대라 상업으로 돈을 모으기는 어렵다. 생존은 쉽지만 치부는 어려웠다. 가난뱅이가 없는 대신 큰 부자도 없었다. 이 때문에 서남 사람들은 순박하고 검약하며 온화하고 한가한 기질을 가졌다. 사계절의 구분이 없어 계절에 쫓기며 일할 필요가 없다. 이렇듯 서남 사람들은 안분지족하며 낙천적인 기질을 지녔지만 구이린만큼은 인재의 산실로 와호장룡의 땅이었다.

광시군벌 리쭝런李宗仁. 1891~1969이 구이린 사람이다. 군사학교를 졸업한 리쭝런은 쑨원에게 동조해 국민혁명에 참여했다. 국공합작 당시 코민테른에서 파견한 보로딘이 그에게 장제스를 대신해 국민혁명군 총사령관직을 제안했지만 거절했다. 그 대신 장제스가 공산당 세력을 몰아내는 데 일조했다. 국민당이 전국을 통일한 뒤에는 장제스와 반목했다.

항일전쟁에도 적극적이었던 그는 승전 후 1948년 국민대회 부총통선거에 출마해 장제스가 지지하던 쑨원의 큰아들 쑨커孫科를 무찌르고 부총통에 당선됐다. 1949년 1월 장제스가 총통직에서 사임하자 총통직무대행을 맡아 공산당을 상대했다. 대륙을 빼앗긴 후 미국에 망명했다가 1965년 베이징으로 귀국해 마오쩌둥에게 '애국자'란 칭호를 받았다. 사후에는 바바오산八寶山에 안치됐다. 최후의 유학자로 불리는 량수밍梁漱溟. 1893~1988의 고향도 구이린이다.

# 세상의 끝이라 불리던
# **중국의 제주**

하늘에 드리운 암무지개는 구름 끝에 걸리어 땅에 닿고,
상쾌한 수바람은 바다에서 불어온다.
_소동파

한국에 제주도가 있다면 중국에는 하이난섬海南島이 있다. 하이난
은 중국의 남쪽 하늘 끝에 자리잡은 휴양의 메카다. 중국어로 하
늘의 끝은 톈야天涯다. "하늘 끝에서 유랑하는 다 같은 신세니, 만
나면 그만이지 옛사람 아니면 어떠랴同是天涯淪落人. 相逢何必曾相識." 당
나라 시인 백거이의 「비파행琵琶行」에서 유래한다. 1988년 중국의
22번째 성省으로 승격한 중국의 톈야 하이난의 하이커우海口 일대
로 떠나보자.


**청백리의 표상 해서의 고향**


"황상께서는 한 문제보다 영명하시지만 인덕과 업적은 한 문제에

훨씬 미치지 못하옵니다. 한 문제는 역사적으로 유명한 '문경文景의 치治'를 이루었지만 지금 황상 치하의 나라는 관리들은 탐욕에 빠져 있고, 백성들은 안심하고 살아갈 수 없으며, 수해와 가뭄이 수시로 일어나 도적떼가 들끓고 있는 형국이옵니다. 이는 전적으로 황상께옵서 의심이 많고, 신하들을 가혹하게 대하시며, 사욕과 허영을 좇는 혼군이자 폭군이기 때문입니다."

청백리의 대명사인 명나라 해서海瑞. 1514~1587가 작정하고 황제에게 일갈한 '치안소治安疏'의 일부다. 미리 관을 짜두고 쓴 글답게 거침이 없었다. 그는 반평생을 관직에 있으면서 무수히 파면을 당했고 스스로도 사직을 청했다. 1966년에 나온 '해서를 파직하다'라는 뜻의 역사극 〈해서파관海瑞罷官〉은 문화대혁명의 도화선이었다. 해서는 청렴했다. 최종 관직이 오늘날의 감사원장 격이었지만 장례비가 없어 동료들이 돈을 걷어 장례를 치러주었을 정도였다. 해서가 죽자 상인들은 점포를 닫아걸고 그의 마지막 가는 길을 배웅했다. 행렬이 무려 100여 리를 넘었다고 『명사明史』「해서열전」은 기록했다.

해서의 고향이 바로 하이난섬의 경산瓊山(지금의 하이커우)이다. 오늘날 하이난성의 약칭인 충瓊(경)은 이곳 경瓊의 간체자다. 중국의 변방 하이난 중에서도 경산은 무척 가난했다. 역대 황제들은 하이난을 죄인들의 유배지로 애용했다. 하이커우시 남쪽에 자리잡은 오공사五公祠는 당송대에 하이난으로 유배 온 다섯 충신을 기린 사당이다. 오공은 당나라의 재상 이덕유李德裕와 송나라의 이강李綱, 조정趙鼎, 이광李光, 호전胡銓 등 5명의 충신을 가리킨다.

하이커우시 빈야濱涯에는 해서묘원海瑞墓園이 조성돼 있다. 고향으로 향하던 해서의 영구가 빈야촌을 지나던 중 관을 묶은 줄이 갑자기 끊어져 어쩔 수 없이 이곳에 묘를 썼다. 그의 고향과 묘역이 다른 것은 이 때문이다. 묘원에는 만력제가 직접 쓴 '월동정기粤東正氣'란 현판이 지금도 관광객을 맞고 있다. 해서의 묘에는 그가 생전에 동경했던 선배 관리 고가구顧可久, 1485~1561에게 헌사한 시 가운데 "세 번 태어나도 얼음 서리 같은 지조를 바꾸지 아니했으니, 만 번 죽어도 몸은 항시 사직에 머물렀다三生不改霜操, 萬死常留社稷身"는 구절이 지금도 적혀 있다.

## "기이한 절경 으뜸" 소동파의 유배지

"가지 위의 버들솜은 바람에 날려 더욱 적어지는데, 하늘가 어느 곳인들 향기 나는 꽃이 없으리오枝上柳綿吹又少, 天涯何處無芳草." 하이난의 아름다운 자연을 노래한 송대 최고의 문장가 소동파의 시 「접련화蝶戀花」의 일부다.

소동파는 예순한 살(1097년) 때부터 3년간 하이난섬 단저우儋州에서 귀양살이를 했다. 당시 송나라 조정에서는 왕안석이 우두머리인 신법당新法黨과 구양수, 사마광 등의 구법당舊法黨 사이에 다툼이 치열했다. 구법당에 속했던 소동파는 신법당의 득세로 광둥후이저우惠州에 3년, 하이난섬에 3년간 유배당했다. 그는 급진개혁파에 맞선 보수세력의 일원이었다. 철종이 죽고 즉위한 휘종은 신구 양대 파벌을 고루 등용하는 조치를 취했다. 이 조치로 유배에서 풀려난 소동파는 조정으로 되돌아가던 도중 병사했다.

"이곳(하이난)은 음식에 고기가 없고 병에 걸려도 약이 없으며, 거처함에 방이 없고 밖에 나가도 벗이 없으며, 겨울에는 석탄이 없고 여름에는 찬 샘물이 없습니다"라며 소동파는 하이난의 척박한 환경을 한탄했다. 또 "만리 먼 하이난섬이 진정 나의 고향海南萬里眞吾鄕"이라며 풍경과 정취에 빠져 하이난을 제2의 고향으로 여기기도 했다. "하늘에 드리운 암무지개는 구름 끝에 걸리어 땅에 닿고, 상쾌한 수바람은 바다에서 불어온다." 하이난 무지개와 바람의 풍광을 남녀의 애틋한 정으로 묘사한 시인의 정취는 지금도 하이커우의 오공사 동쪽에 자리한 소공사蘇公祠에 남아 있다.

"남쪽 황무지에서 구사일생한 귀양살이 내 원망치 않으리니, 이번 유람은 기이한 절경이 평생에 으뜸이어라九死南荒吾不恨, 玆遊奇絶冠平生." 유배를 마치며 지은 「6월 20일 밤 바다를 건너며」라는 시에서 시인은 다시 못 볼 하이난의 절경을 못내 아쉬워했다.

하이난의 걸출한 인물로 쑹宋씨 세 자매도 빼놓을 수 없다. 20세기 초 중국을 쥐락펴락했던 쑹가 황조의 세 자매, 돈을 사랑해 은행가 쿵샹시孔祥熙와 결혼한 쑹아이링宋藹齡. 1889~1973, 나라를 사랑한 쑨원의 부인 쑹칭링宋慶齡. 1893~1981, 권력을 사랑해 장제스와 결혼한 쑹메이링宋美齡. 1897~2003의 아버지 쑹야오루宋耀如의 고

하이커우

179

향이 하이커우 바로 남쪽 원창文昌이다.


## 하이난의 두 얼굴, 보아오 포럼과 부동산 광풍

하이난섬의 전설 하나. 옛날 옛적 하이난의 왕이 사슴을 신봉하는 리족黎族의 명궁 아흑阿黑을 찾았다. 왕은 그에게 불로의 명약인 녹용을 구해오라고 명령했다. 아흑이 거부하자 왕은 그의 어머니를 인질로 잡아 협박했다. 아흑은 어쩔 수 없이 하이난의 최고봉 우즈산五指山에 들어가 가장 아름다운 사슴을 찾아내 사흘 밤낮으로 뒤를 쫓았다.

　　싼야만의 절벽 끝까지 몰린 사슴은 고개를 돌려 아흑을 쳐다보았다. 그때 섬광이 번쩍 일더니 눈물을 흘리던 사슴은 아리따운 아가씨로 변했다. 그 모습에 반한 아흑은 활을 버렸다. 그리고 사슴신의 도움을 받아 몹쓸 왕을 무찌르고 어머니까지 구한 뒤 사슴 아가씨와 평생 행복하게 살았다고 한다.

　　당시 사슴이 고개를 돌렸다는 절벽에는 녹회두鹿回頭공원이 조성됐다. 현재 12미터 높이의 거대한 사슴 석상이 싼야만을 차마 내려다보지 못한 채 고개를 돌리고 있다. 사슴의 전설이 깃든 싼야는 지금도 사슴의 성鹿城이라 불린다.

　　하이난 여행에서 빼놓을 수 없는 명소가 싼야시에서 서쪽으로 24킬로미터 떨어진 톈야하이자오天涯海角다. 남녀 커플이 이곳에 함께 다녀오면 이별 없이 평생을 함께한다는 이야기가 전한다. 이곳 앞바다에는 '해와 달'이라는 글자가 적힌 두 바위가 마주 기대어 서 있다. 일월석日月石이다. 해변가에는 '톈야天涯'와 '하이자오海角'라고 적힌 암벽과 남천일주南天一柱가 쓰인 돌기둥이 서 있다. 최근 중국이 '핵심이익'이라고 천명하면서 긴장이 고조되는 남중국해가 톈야하이자오의 남쪽으로 펼쳐진다. 하이난섬은 육지 면적이 3만 4300제곱킬로미터로 타이완에 이은 중국 제2의 섬이지만, 관할하는 해역은 200만 제곱킬로미터로 섬 면적의 58배가 넘는다. 중국 전 국토면적의 약 5분의 1에 해당한다. 남중국해 수호를 위해 싼야 근처에 항공모함 기지를 건설하고 있다는 정보가 흘러나온다. 핵잠수함 기지는 이미 운용하고 있다.

하이커우에서 동남쪽으로 105킬로미터가량 떨어진 해안가에 보아오博鰲라는 작은 어촌이 있다. 2002년 4월 이곳에서 아시아 26개국이 주축이 된 '제1회 보아오 아시아 포럼'이 열렸다. 스위스 다보스에서 열리는 세계경제포럼의 아시아 버전을 중국이 창설한 것이다. 시작 당시만 해도 보아오 포럼이 세계가 주목하는 행사로 성장할 것이라 예측한 이는 드물었다. 당시 세계 경제의 주도권은 서구의 손아귀에 있었으며 중국은 빠르게 성장하는 덩치 큰 개발도상국에 불과했기 때문이다.

그로부터 10년, 세계의 질서가 급변했다. 2013년 12회를 맞은 보아오 포럼의 주제는 '모두를 위한 아시아의 발전'이었다. 줄

리아 길라드 호주 총리와 테인 세인 미얀마 대통령을 비롯한 세계 10여 개국의 정상이 참석했다. 각국 고위 관료, 기업인, 학자 등 3800여 명이 참석할 정도로 성황이었다. 시진핑 중국 국가주석이 개막 연설차 참석한다는 소식에 참가자가 쇄도했다. 세계 언론의 주목도 다보스 포럼을 능가했다. 굴기하는 중국의 국력에 힘입어 보아오는 다보스를 제치고 새로운 국제질서 논의의 장으로 변모하고 있다.

하이난은 몇 해 전 부동산 광풍으로 몸살을 앓았다. 국무원이 나서 하이난을 국제관광의 요충으로 키우기 위해 외국인 무비자 입국을 허용하고 내국인 면세 쇼핑을 허용하면서 부동산 개발상들이 하이난으로 몰려들었기 때문이다. 광풍이 휩쓸던 2010년 초 하이난 싼야의 경우 제곱미터당 아파트 매매가가 최고 12만 8000위안(약 2300만 원)에 육박했다. 베이징과 상하이를 제치고 전 중국에서 부동산 거품 1위의 '영예'를 차지했다.

발표에 따르면 2011년 한 해 동안 하이난성에서 판매된 주택 총량은 840만 9200제곱미터, 판매액은 759억 2700만 위안(약 13조 6144억 원)에 달했다. 전년 대비 각각 0.8퍼센트, 3.4퍼센트 증가한 수치다. 시장의 폭등세는 멈췄지만 여전히 강세다. 그 바탕은 관광산업이다. 2011년 하이난성에서 하룻밤 묵은 여행객은 3000만 명을 돌파했다. 같은 기간 제주도 여행객 860만 명의 3.5배이자, 한국을 찾은 외래 관광객 979만 4796명의 세 배에 육박한다. 제주도를 벤치마킹했던 하이난섬의 성장세가 무섭다.

# 불안을 지나 홍콩차이나로의
## 귀환 16년

"전 세계 염황 자손은 이 큰비가 중국의 100년 치욕을 깨끗이 씻어버리고
홍콩이 새로운 미래를 맞이하게 되기를 기원했으리라."
_ 첸치천

'동방의 진주' '쇼핑의 천당' '아시아의 세계 도시'…… 홍콩의 수식
어는 다채롭다. 명나라 때 향나무 중계무역항으로 출발했다. 향나
무 향 가득한 항구라 샹강香港이라는 이름이 붙었다. 홍콩은 샹강
의 광둥廣東 발음이다. 영국 통치 155년, 중국 회귀 16년. 홍콩을
둘러싸고 벌어진 각축 속으로 안내한다.

🏵
홍
콩

### 마거릿 대처와 덩샤오핑의 담판

2013년 4월 8일 마거릿 대처 전 영국 총리가 타계했다. 중국인에
게 대처는 덩샤오핑과의 홍콩 담판으로 기억된다. 대처는 생전에
여섯 차례 중국을 방문했다. 1982년 9월 22일 대처 총리가 베이

185

징을 찾았다. 포클랜드 전쟁에서 막 승리한 뒤였고 홍콩의 미래를 논의하기 위해서였다. 먼저 자오쯔양趙紫陽 총리를 만났다. 자오쯔양은 "홍콩 회귀에는 양대 원칙이 있다. 주권과 번영·안정이다. 양자택일을 하라면 중국은 주권을 택할 것"이라고 말했다. 기선 제압용 발언이었다.

24일 대처는 인민대회당에서 덩샤오핑 당시 공산당 중앙고문위원회 주임을 만났다. 마오쩌둥은 덩샤오핑을 '강철공장'으로 불렀다. 대처의 별명은 '철낭자'다. 스틸과 아이언이 마주 앉았다. 회견은 두 시간 반 동안 이어졌다. 대처는 3개 조약을 언급했다. 1842년 청나라는 난징조약에서 홍콩섬을 영국에 할양割讓(영토를 아예 넘김)했으며, 1860년 베이징조약에 따라 주룽九龍반도를 할양한 사실을 상기시켰다. 1898년 '홍콩지계의 확장에 대한 협정展拓香港界址專條'으로 홍콩의 90퍼센트를 차지하는 신제新界, New Territories를 1997년 6월 말까지 영국이 99년간 조차租借(일시적으로 영토를 빌림)했으므로, 영국은 법리적으로 홍콩섬과 주룽반도를 중국에 반환할 의무가 없다는 논리를 펼쳤다. 영국은 한 세기 반 동안 홍콩을 번영시킨 노하우가 있으며, 영국식 통치가 사라진다면 기업들은 홍콩을 떠날 것이라고 말했다. 주권은 돌려줘도 통치는 계속하겠다는 외교적 표현이었다.

덩샤오핑은 150년 전 제국주의 기세에 눌렸던 이홍장이 아니었다. 홍콩에 대한 태도는 단호했다. 그는 세 가지를 말했다. 주권문제, 1997년 이후 중국이 어떤 관리 방식을 채택해 홍콩의 번영을 유지할 것인가, 중국과 영국 양국 정부가 1997년까지 혼란을 어떻게 방지할 것인가였다. 덩샤오핑은 강경한 톤을 이어갔다.

"주권은 토론할 문제가 아니다. 1997년 중국은 신제뿐만 아니라 홍콩섬, 주룽반도까지 돌려받을 것이다. 만일 1997년 홍콩을 돌려받지 못하면 중국 정부가 만청晩淸과 같으며 중국 지도자는 이홍장임을 의미한다. (중략) 우리는 인민의 신뢰에 기반해 오랜 시간을 기다렸다. 15년 뒤 회수하지 못한다면 인민이 우리를 믿을 이유가 사라진다. 어떤 중국 정부라도 하야해야 한다. 다른 선택은 없다. (중략) 홍콩의 현행 정치경제 제도, 대부분의 법률도 유지될 것이다. 홍콩은 여전히 자본주의를 실행할 것이다. 홍콩의 여론을 반영해 15년 동안 미래 정책을 수립할 것이다. 홍콩 시민, 투자자, 영국 모두 받아들일 수 있는 방안이다. 양국 정부가 우호적으로 협의해나가기를 바란다. 영국 정부의 건의 역시 기쁘게 받아들일 것이다."(『덩샤오핑 문선』 3권)

덩은 회담 중 타구(침 뱉는 그릇)를 자주 사용했다. 외교가에서는 잘 알려진, 그가 요점을 강조할 때 쓰는 제스처였다. 회담은 사실상 결렬됐다. 양국이 향후 논의를 계속한다고 얼버무린 알맹이 없는 공동성명만 나왔다.

사달은 회담이 끝난 뒤 발생했다. 기자들의 질문 공세에 정신을 뺏긴 대처 총리가 인민대회당 앞 계단을 내려오다 발을 헛디뎠다. 불길한 징조였다. 그녀가 넘어지는 장면은 고스란히 텔레비전 카메라에 잡혔다. 이 장면은 반복해서 전파를 탔다. 홍콩 시민들

홍콩

은 불안했다. 이미지는 기억을 지배한다. 대처의 넘어지는 모습은 그녀가 타계한 다음날에도 중국의 신문에 다시 등장했다.

대처는 당시 베이징 댜오위타이釣魚臺에서 만찬을 주재했다. 덩샤오핑은 참석하지 않았다. 때마침 베이징을 찾아온 혈맹 북한의 김일성 노동당 총서기 환영 만찬이 이유였다. 자오쯔양 총리가 그를 대신해 주빈석을 차지했다. 베이징을 떠나기 전 대처는 BBC와 인터뷰에서 "만일 조약이나 계약의 일방이 '나는 동의할 수 없다. 파기하겠다'라고 말한다면 그들이 맺을 새로운 조약이 존중받으리라 확신할 수 없다"고 불만을 표시했다. 홍콩차이나의 출발은 불안했다. 대처가 베이징을 떠난 뒤 홍콩 주가는 1주일 새 25퍼센트 폭락했다. 1989년 톈안먼 사건 이후 불안은 현실이 됐다.

## 해방 대신 반환 택한 마오쩌둥

1997년 홍콩 반환을 앞두고 민두기 전 서울대 교수가 중앙일보에 기고문을 실었다. 중국이 '해방' 대신 '반환'을 택한 이유를 설명했다. 군대와 압력을 통한 회수가 아닌 자발적인 복속을 노린 것이다. '중국식 통일'이다. 타이완과의 통일 방식을 이때 이미 염두에 두었는지도 모른다. 영국에 대영제국의 식민지 경영은 이미 채산이 안 맞았다. 과거 조약을 끝까지 고집해 신제지역만 반환한다면 홍콩섬과 주룽은 자존능력이 없었다. 일괄 반환은 부득이했다.

중국은 노련한 게이머다. 대의는 이익에 양보한다. 중국은 일찍이 홍콩을 '해방'시킬 기회가 있었다. 1949년 중화인민공화국이 창건되면서 마오쩌둥은 '매국賣國조약을 없애겠다'고 공언해왔던 터다. 인민해방군이 밀고 내려왔을 때 홍콩은 당연히 '해방'되어야 할 존재였다. 그러나 1949년 10월 단 한 명의 병사도 경계선을 넘지 않았다. 중국 내지에서 물과 식량도 홍콩에 여전히 공급됐다. 근거는 1949년 1월 당중앙이 하달한 외교지침이었다. '원칙상 제국주의 국가가 중국에서 갖고 있는 특권은 반드시 취소돼야 하지만 집행단계에서 문제의 정황에 따라 사안별로 처리해야 한다. 아직 해결할 수 없는 문제의 경우 잠정적으로 해결을 잠시 미루어야 한다'는 게 요지였다. 중국은 홍콩의 '해방'을 미루었다.

1949년 영국은 파죽지세로 남하해오는 해방군을 맞을 준비를 갖췄다. 5000명이던 홍콩 주둔군을 탱크부대까지 포함해 5만 명으로 증원했다. 마오가 영국군을 물리적으로 제거하려면 100만 명의 병력이 필요할 것으로 관측됐다. 영국의 걱정은 기우였다. 영국은 기우의 대가로 1950년 1월 서방세계 최초로 공산정권을 승인했다. 중국과 영국의 오월동주吳越同舟가 시작됐다.

중국은 미국의 봉쇄전략에 대응하려면 홍콩이 절실했다. 한국전쟁중에도 홍콩을 통해 석유화학제품, 자동차 등이 대륙으로 흘러들어갔다. 『마오쩌둥의 사생활』이라는 책에는 마오의 의약품 거의가 홍콩을 통해 유입된 상황이 그려져 있다. 중국은 매국조약을 없애기 위해 홍콩을 '해방'하는 대신 '반환' 노선을 취했다. 홍콩은 그 사이 거대한 경제력을 갖췄다. 그 경제력은 중국에게 절실했다. 타이완 통일 전략인 '1국2체제─國兩制(한 나라에 두 가지 체제를 공존시킴)'는 '해방' 노선에서는 나올 수 없는, 홍콩 활용 정책의 연장선상에서 나왔다. 이는 덩샤오핑의 창작품이 아니다. 중국이 이를 덩샤오핑의 업적으로 선전하는 것은 정치적 의미 이상도 이하도 아니다.

그에 대한 근거는 많다. 1975년 5월 25일 마오쩌둥은 에드워드 히스 전 영국 총리를 만났다. 이 자리에서 마오는 아직 홍콩 문제를 해결할 때가 아니라며 "이 문제는 젊은 동지들이 다룰 것"이라고 말했다. 마오의 시선은 덩샤오핑을 향했다. 마카오도 근거다. 포르투갈은 1967년과 1974년 마카오의 반환을 제안했다. 베이징은 거부했다. '반환'에도 순서가 있었다. 마카오의 우선 반환은 홍콩에 부정적 영향을 끼칠 수 있었다. 포르투갈의 제안은 비밀에 부쳐졌다.

## 모든 것을 뒤집은 톈안먼 사건

1982년 대처와 일합을 겨룬 덩샤오핑은 전투가 아닌 전쟁에서의 승리를 원했다. 덩샤오핑은 용인用人에 능했다. 눈여겨둔 개혁 성향의 쉬자툰許家屯 장쑤성 당서기를 떠올렸다. 1983년 설 연휴를 쉬자툰과 함께 보냈다. 홍콩 회귀 임무를 설명했다. 홍콩의 실력자를 선별해 베이징으로 보내도록 지시했다. 덩이 직접 만나겠다고 말했다. 쉬자툰의 홍콩 직함은 신화통신 홍콩분사 사장이었다. 베이징이 파견한 그림자 정부가 홍콩에 세워졌다. 홍콩에 도착한 쉬자툰은 베이징이 홍콩을 더 이해해야 한다고 생각했다. 사회과학원의 학자들을 홍콩으로 불렀다. 쉬자툰은 미래 홍콩차이나의 골간이 될 400여 명의 친중국 인사를 양성했다.

부임 3개월 뒤 쉬자툰은 베이징으로 잠시 돌아왔다. 자오쯔양 총리, 리셴녠 국가주석에게 홍콩의 분위기를 보고했다. 베이징은 제국주의자들을 반대하는 홍콩인들이 베이징을 기다리고 있다는 보고를 기대했다. 쉬자툰은 불쾌한 진실을 말했다. "홍콩은 공산당을 불신하며 미래를 암울해하고 있다"고. 홍콩 기업인들은 영국식 행정과 법치를 존중하며 베이징이 펼칠 리더십을 의심한다고도 지적했다. 특히 1949년 이후 넘어간 사람들은 절대 공산당을 신뢰하지 않을 것이라고 말했다. 리셴녠은 "홍콩의 마음을 얻는 것이 베이징의 최우선 과제"라고 인정했다.

영국과의 담판도 쉽지 않았다. 영국은 통치권을 계속 고집했다. 중국은 1984년 9월까지 합의가 안 되면 주권이양 계획을 일방적으로 발표하겠다고 협박했다. 담판은 합의에 이르지 못했다. 홍콩의 자본이 심하게 동요했다. 1984년 1월 8차 담판에서 양국은 협상 사령탑을 바꿨다. 중국은 저우난周南 외교부장 조리, 영국은 리처드 에번스 신임 주중대사를 세웠다. 돌파구였다. 4월 제프리 하우 외무장관이 베이징을 찾았다. 그는 주권문제를 양보했다. 이

홍콩

193

후는 일사천리였다. 12월 19일 자오쯔양 총리와 대처 총리가 베이징에서 다시 만나 합의문에 서명했다. 담판은 끝난 듯 보였다.

1989년 6월 톈안먼 사건은 모든 것을 뒤집었다. 중영 밀월기가 끝났다. 홍콩의 쉬자툰이 1990년 1월 저우난으로 경질됐다. 겉으로는 은퇴였지만 사실은 톈안먼 사건 때문이었다. 쉬자툰은 미국으로 망명했다. 영국의 홍콩은 자유는 많고 민주는 적었다. 톈안먼은 이를 바꿨다. 영국의 민주 공세에 중국은 애국으로 맞섰다.

영국은 보수당 의장을 역임한 강경파, 크리스토퍼 패튼을 마지막 총독으로 임명했다. 패튼은 취임 후 파격적인 정치개혁안을 내놓았다. 중영 양국은 기존의 홍콩 입법국 의원이 홍콩특별행정구의 제1회 입법회 의원으로 이어지는 '직통차直通車, through train'에 합의했었다. 패튼의 정치개혁안으로 직통차는 탈선했다. 기존 입법위원의 직권은 6월 30일로 끝나고 중국은 7월 1일 새로운 입법위원을 세웠다.

홍콩 이양식의 하이라이트인 유니언잭 하강과 오성홍기 게양은 정확히 7월 1일 자정에 거행됐다. 이날 홍콩에는 하루종일 큰비가 내렸다. 첸치천錢其琛 전 외교 담당 부총리는 "전 세계 염황炎黃(중국 전설 속의 염제와 황제) 자손은 이 큰비가 시원스럽게 내려 중국의 100년 치욕을 깨끗이 씻어버리고 홍콩이 새로운 미래를 맞이하게 되기를 기원했으리라"고 회고했다.

## 홍콩 주권 이양식의 1초 전쟁

중국 인민해방군 군악대 위젠팡于建芳이 홍콩 주권 이양식에서 중국의 국가 연주를 지휘하라는 명령을 받은 건 1997년 4월이었다. 그는 2개월여의 맹훈련 뒤 홍콩에 도착했다. 세부 식순을 협의하던 중 중국과 영국 사이에 의견 대립이 생겼다. 영국측은 유니언잭 하강식과 영국 국가 연주를 6월 30일 밤 23시 59분 59초까지는 마칠 테니, 중국은 7월 1일 0시 0분 1초부터 오성홍기를 올리고 중국 국가를 연주해달라고 했다.

중국측 반대는 강경했다. 정확히 7월 1일이 시작될 때 중국 국가를 연주하겠다고 맞섰다. "이미 100년 넘게 기다렸다. 1초도 더 기다릴 수 없다"는 게 중국의 주장이었다. 협상은 결렬됐고 중국 군악대에는 중국 국가 연주가 1초 일러서도, 또 1초 늦어서도 안 된다는 엄명이 하달됐다. 만일 영국이 고의로 시간을 지연하더라도 중국 군악대는 정시에 국가 연주를 시작하라는 지시였다.

홍콩 컨벤션센터 신관 그랜드홀에선 장쩌민 중국 국가주석, 찰스 영국 왕세자 등 전 세계 귀빈 4000여 명이 참석한 가운데 역사적인 주권 이양식이 시작됐다. 밤 11시 51분 찰스 왕세자의 고별사 낭독에 이어 11시 57분 양국 기수단이 입장했다. 11시 59분 영국 악대는 영국 국가인 〈신이여 여왕을 구원하소서〉를 연주하기 시작했다. 연주에 보통 50초가 걸리는 곡이다. 한데 박자가 점차 빨라지는가 싶더니 30초 만에 연주가 끝나고 말았다. 지휘봉을

든 위젠팡은 당황했다. 영국측 연주가 지연될 것만 생각했지 앞당겨 끝나리라곤 예상치 못했던 것이다.

돌연 예정에 없던 20초가량의 공백이 생겼다. 위젠팡의 눈에 연단의 리펑 중국 총리가 손목시계를 확인하는 모습이 들어왔다. "어떻게 할까요?" 속이 타들어가던 그는 옆에 있던 연락관 장징산張景山에게 물었다. "원래 계획대로 가라." 51, 52, 53…… 장징산이 초를 세기 시작했다. 마침내 11시 59분 58초 반, 지휘봉을 잡은 위젠팡의 양팔이 하늘로 솟구쳤다. 0시 0분 0초, 지휘봉이 정확히 춤추기 시작했다. 중국 국가인 〈의용군 행진곡〉이 빅토리아 항구에 울려퍼지는 가운데 오성홍기가 게양됐다.

한편 이날 인민해방군 선발대의 홍콩 진주는 주권 반환 세 시간 전인 30일 오후 9시에 전격적으로 이루어졌다. 영국군이 7월 1일 오전 3시에 철수하겠다고 하자 "그렇다면 우리도 세 시간 먼저 진주하겠다"고 결정했기 때문이다.

## 호사의 극치 '페닌슐라 모먼트'

동트기 직전 아홉 대의 롤스로이스 팬텀이 홍콩섬을 질주한다. 말쑥한 포터들은 쇼핑백을 객실로 옮기고, 룸메이드는 최신식 패드로 객실을 최적의 상태로 맞춘다. 로마풍의 수영장 밖으로 빅토리아 항의 풍경이 펼쳐진다. 옥상의 헬리패드에서는 고객전용 헬기가 이

륙한다. 헬기로 이동한 타이롱완베이 해변에서 프라이빗 피크닉을 즐긴다. 여정을 마친 고객은 헬기를 이용해 공항으로 떠난다.

개관 85주년을 맞은 페닌슐라 호텔 홍콩의 '페닌슐라 모먼트' 프로모션 영상이다. 페닌슐라 홍콩은 수에즈운하 동쪽의 최고급 호텔을 모토로 유대상인이 세웠다. 호사豪奢의 상징 페닌슐라에서는 영국식 귀족문화가 면면히 이어진다. 페닌슐라는 현판을 내리는 아픔도 겪었다. 1941년 태평양전쟁을 발동한 일본이 페닌슐라 336호실에서 영국과 항복조인식을 맺었다. 일본은 동아東亞 호텔로 개명한 뒤 일본군 장교와 군관계자 전용 호텔로 사용했다.

중국에는 '투부鬪富'라는 말이 있다. '머니 배틀'이란 뜻이다. 서진西晉의 거부였던 석숭石崇이 행차하면서 50리에 걸쳐 최고급 비단장막 가리개를 둘러 40리에 비단을 두른 왕개王愷를 눌러 우쭐해했다는 일화에서 유래한다. 도시를 찾는 여행자에게 호텔은 먹을거리 선정만큼이나 중요하다. 럭셔리 호텔 브랜드 페닌슐라와 샹그릴라가 홍콩을 본거지로 삼은 것은 중국의 '투부' 전통을 미리 알고 있었기 때문인지도 모르겠다.

홍콩

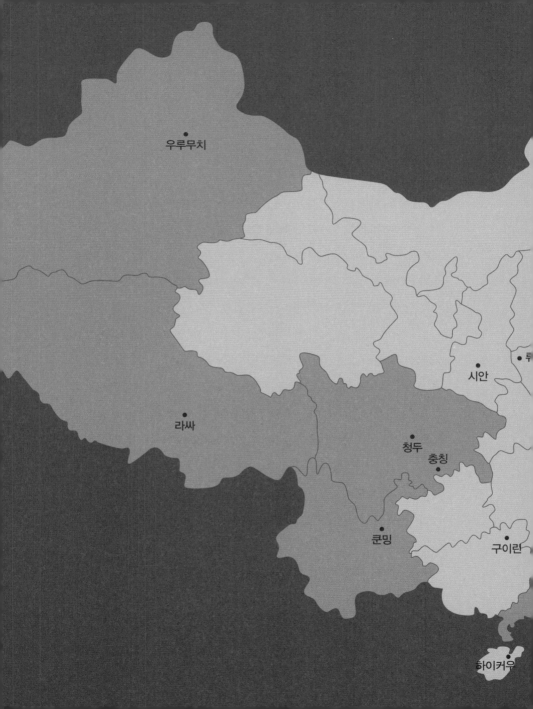

# Ⅲ 明,
20년
밝혀 보기

상하이(上)

# 외국인의 천국이었던
# '모던 도시'

상하이는 '동양의 뉴욕' '동양의 월 가'로 탈바꿈했다.
『위대한 개츠비』의 무대 뉴욕과 상하이는 마치 형제 도시인 듯 흥청거렸다.

고찰명／중국 도시 이야기

2010년 상하이 엑스포는 입장객 7000만 명 유치에 성공했다. 184일 만이다. 2013년 중국 5세대 지도부가 출범했다. 시진핑 국가주석, 리커창李克强 국무원 총리는 상하이에 자유무역지대를 설치했다. 제2의 홍콩으로 키우겠다는 선언이다.

상하이를 관통하는 황푸黃浦강 동쪽에는 푸둥浦東의 마천루가 숲을 이루고, 서쪽 와이탄에는 서양식 건물들이 '만국 건축 박물관'을 이루고 있다. 19~20세기 와이탄은 '모던 도시' 상하이의 관문이었다. 1843년 11월 영국 초대 영사 밸푸어가 와이탄에 상륙하면서 상하이 스토리가 시작됐다. 그는 1845년 외국인 거류지 settlement의 번역어인 조계租界를 처음 설치했다. 1943년이 돼서야 영국과 미국은 연합국 일원이 된 중국에 상하이 조계를 반환했다.

그때까지 '나라 속의 나라' 상하이 조계는 치외법권을 누리는

200

다국적 외국인들의 천국이었다. 100년 동안 상하이 조계는 초창기·발전기·변동기·번영기·고립기·점령기를 거치며 변화를 거듭했다. 각 시기별로 주도하는 나라와 산업구조의 부침이 이어졌다. 외국인들은 개항 이래 줄곧 월드클래스의 최첨단 도시 상하이를 좌지우지했다. 다음은 조계의 변천으로 본 상하이 스토리다.

**영국의 야망:** 아편전쟁의 전리품, 번화가에 '난징로' 이름 붙여

상하이는 아편전쟁으로 불리는 중영전쟁에서 승리한 영국의 전리품이었다. 이화양행怡和洋行. Jardine Matheson & Co., 보순양회寶順洋行. Dent & Co. 등 아편과 차 무역을 담당하던 소수의 영국 대형 상인들은 자국의 영토인 양 상하이 조계로 몰려왔다. 그들은 중국의 독점 특권상인인 공행公行의 방해를 받지 않는 자유무역을 구가해 부를 쌓았다.

상하이 영국 조계는 영국이 주권을 완전 장악한 홍콩과 달리 청나라의 영토였다. 외국 상인들은 선거로 7명을 뽑아 참사회 municipal council를 구성해 자치를 실시했다. 초창기 참사회는 영국인이 6명, 미국인은 한 명으로 구성됐다. 이들은 징세권을 행사하며 항만이나 도로 건설 등 공공업무를 수행했다. 상하이는 철저한 상인들의 '자유 도시'였다. 조계의 행정조직은 청조의 행정부처 격인 6부 가운데 공부工部에서 이름을 따 공부국工部局으로 불렸다.

1860년대 미국에서 남북전쟁이 터지자 미국 조계와 영국 조계가 합병됐다. 공공조계의 탄생이다. 이후 상하이 공공조계는 영국, 미국, 프랑스, 독일, 러시아, 덴마크, 이탈리아, 포르투갈, 스위스, 오스트리아, 스페인, 네덜란드의 국기를 합친 휘장과 깃발을 제정했다. 1930년대 말에는 직원 7000명의 대형 조직으로 성장했다.

　　1870년대부터 상하이에는 최신식 전신, 전화, 전기, 수도가 속속 설치됐다. 영국의 산업혁명이 본격화된 이후 상인들은 무역 대신 기계를 들여와 중국에 공장을 대거 세웠다. 생산과 소비가 동시에 번성했다. 중국인 노동자들이 상하이로 쇄도했다. 1900년 공동조계에는 외국인 6774명과 중국인 34만여 명이 한데 모여 살았다. 화양잡거華洋雜居가 이루어졌다. 무역, 제조업을 이어 현대의 금융업 격인 대금업 위주로 상하이 경제구조가 변화했다. 동시에 노동자들의 오락과 소비를 동시에 충족시키기 위한 번화가가 형성됐다.

　　영국인들은 난징조약으로 상하이를 얻었다는 사실을 상기하기 위해 최대 번화가에 난징로南京路라는 이름을 붙였다. 제1차 세계대전이 끝난 1920~1930년대는 상하이의 최고 번성기였다. 영국의 대중對中투자 절반이 상하이에 집중됐다. 20세기 초 상하이 외국인 소유 토지의 90퍼센트를 영국인이 차지했다.

　　하지만 그늘도 있었다. 1925년 공부국 경찰이 난징로에서 중국인 노동자에게 발포한 5·30 사건이 그것이다. 중국인들의 반영

상하이人(上)

反英운동이 불길처럼 일어났다. 여기에 후발 진출국 일본의 군사적 야심이 커져갔다. 1941년 12월 8일 새벽 미국을 상대로 진주만공격을 단행한 일본은 동시에 영국에 선전포고했다. 황푸강에 정박해 있던 영국 군함이 일본군의 집중포화로 격침됐다. 이로써 영국인들의 상하이 지배 100년 역사가 막을 내렸다.

## 미국의 정열: 1910년대부터 동양의 뉴욕을 만들다

미국은 영국 식민지를 경험했기에 자유독립 정신이 충만했다. 자유와 독립이라는 미국적 가치의 세례를 받은 신세대 작가 님 웨일스가 상하이에 도착한 것은 1931년 8월이었다. 그녀는 훗날 마오쩌둥을 최초로 인터뷰해 『중국의 붉은 별』을 저술한 미국인 기자 에드거 스노의 아내가 되어 중국 독립을 위해 많은 일을 했다.

사실 미국은 영국과 비슷한 시기에 톈진과 상하이에 조계를 획득했다. 하지만 남북전쟁 발발로 주도권을 영국에 내주었다. 유럽에서 제1차 세계대전이 발발하자 이번에는 영국과 프랑스 세력이 쇠퇴했다. 그 대신 미국과 일본의 자본이 상하이로 밀려들었다.

1915년 공동조계의 인구 통계를 보면 일본인 1만 1457명, 미국인 1307명이 거주하고 있었다. 당시 상하이에 거주하던 외국인의 인구 규모는 일본, 영국, 포르투갈, 미국 순이었다. 소수의 대형 무역상 중심의 영국과 달리 미국 상인들은 무역, 부동산, 운수,

제조업을 운영하는 중소기업 경영자가 많았다. 미국은 1919년에 이르러 무역총액에서 영국을 누르고 1위에 올랐다. 미국은 목재, 담뱃잎, 차량, 선박 등을 중국에 수출해 부를 쌓았다.

영국과 달리 미국은 중국과 전쟁을 일으키지 않았다. 중국인들에게 활발하고 친절한 이미지를 선사하던 미국인들은 지배자로 군림하던 영국인과 달랐다. 에드거 스노는 좋은 사례다. 그는 한때 상하이 여론 형성에 영향력이 상당했던 『차이나 위클리 리뷰』의 편집조수로 근무했다. 스노는 잡지에 중국에 대한 영국과 일본의 제국주의 지배를 신랄하게 비판하고 불평등조약의 폐지를 주장했다. 기득권을 누리던 영국인들은 에드거 스노를 비롯한 미국인들을 '친중파'라며 비판했다.

한편 1910년대부터 뉴욕 맨해튼의 마천루를 모방한 은행건물들이 와이탄의 초창기 무역업체 건물들을 대체해나갔다. 상하이에 금융업 주도 시대가 도래한 것이다. 상하이는 '동양의 뉴욕' '동양의 월 가'로 탈바꿈했다. 1930년대 상하이는 인구 300만의 대도시로 성장했다. 사회적 격차도 크게 벌어졌다. 동시에 여가를 즐길 여력이 생긴 중산계급이 탄생했다. 이들을 대상으로 한 오락과 서비스 산업이 발달했다. 영국식 귀족문화 일색이던 상하이 나이트라이프에 미국풍의 쇼핑, 음식, 연예, 영화가 밀려들었다. 소설 『위대한 개츠비』의 무대 뉴욕과 상하이는 마치 형제 도시인 듯 흥청거렸다. 이른바 '상하이 모던摩登(모던의 중국식 표기)'으로 불리는 독특한 대중문화가 탄생했다. 4대 백화점이 난징로에 세워지고,

세련되고 교양 있는 여성 점원들이 등장했다. 이들이 바로 모던
걸의 선구자였다.

1895년 12월 뤼미에르 형제가 프랑스에서 세계 최초로 영화
를 상영한 바로 다음해 8월 11일, 상하이에서 중국 최초의 영화가
상영됐다. 세계 최첨단 문화의 전파에 시간차가 사실상 없었던 것
이다. 제1차 세계대전을 전후해서는 할리우드 영화가 상하이 영
화계를 장악했다. 미국 영화를 모방했다고 자백하는 범죄자들까
지 속출했다. 한편 상하이 일반 중국인들은 은막 속의 번영한 미
국을 선망했다. 동시에 상하이의 밤은 미국 문화의 대명사인 재즈
와 댄스홀이 불야성을 이루었다. 대중문화와 함께 미국인들의 선
교와 교육기관도 상하이에 밀려들어왔다. 1879년 세워진 세인트
존스 대학(현 화둥사범대)은 대표적인 선물이었다.

**러시아의 비애:** 혁명 뒤 입국한 난민 1200명의 고달픈 삶

1922년 12월 5일 백러시아 출신 스타르크 제독이 이끄는 함대가
황푸강에 모습을 드러냈다. 혁명파와의 전투에서 패한 제독이 블
라디보스토크에서 배 30여 척을 구입해 난민 1800명을 포함해
9000명과 함께 출발했다. 조선의 원산과 부산에 상륙을 시도했으
나 일본이 거부했다. 악천후를 뚫고 상하이에 도착한 배는 14척,
사람은 1800명에 불과했다.

가난한 백인의 등장은 상하이 조계사회에 충격이자 수치로 받아들여졌다. 항만관리국은 고심 끝에 1200명에게만 상륙을 허가했다. 나머지 난민과 마닐라로 간 스타르크 제독은 함선을 팔아 부하들에게 돈을 나누어주고 자신은 파리로 건너가 운전수로 연명하다 비참하게 세상을 떴다.

1924년 영국과 중국이 소비에트를 승인하자 백러시아계 난민들의 비애는 더욱 깊어졌다. 치외법권의 혜택도 못 받고, 영어와 중국어도 못하는 러시아인들은 5·30 사건으로 악화된 상하이 노동시장에서 중국인을 대체했다. 여성의 22.5퍼센트는 매춘의 길로 빠져들었다. 반면에 성실한 러시아인들은 정착에 성공했다. 이들은 오페라, 발레, 클래식 음악 같은 유럽 살롱 문화의 전도사였다.

태평양전쟁이 발발하자 러시아인들은 여느 서양국가와 달리 상하이의 국제성을 유지하려는 일본군으로부터 중립국 대우를 받을 수 있었다. 그러나 일본이 패망한 뒤 공산혁명이 상하이를 엄습했다. 혁명을 혐오해 조국을 떠났던 러시아인들은 제2의 고향 상하이를 다시 떠날 수밖에 없었다.

그 밖에 상하이는 세계에서 유일하게 유대인의 무비자 입국이 가능했다. 나치의 박해를 피해 유대인들이 상하이로 몰려들었다. 상하이 조계를 지배했던 최후의 외국인은 일본인들이었다. 일본은 군사력을 앞세워 상하이 전역을 장악해나갔다.

한편 중국인들은 와이탄 북단의 퍼블릭 가든(현재 황푸공원) 앞

에 '개와 중국인 출입금지'라는 표지판이 붙는 수모를 끝내 이겨
냈다. 중일전쟁은 '무장중립'이라는 조계의 기본 원칙을 무너뜨렸
다. 중국은 영국, 미국과 함께 연합국의 일원이 됐다. 1943년 영
국과 일본은 상하이 조계를 중국에 반환하고 모든 불평등조약을
폐지했다. 1945년 8월 일본이 항복하면서 1845년 영국 조계 설치
이후 100년 동안 중국의 통치권이 미치지 못하던 '나라 속의 나라'
상하이 조계가 사라졌다. 중국인의 치욕의 역사가 끝났다.

국공내전 승리로 상하이 '해방'에 성공한 공산당은 30여 년간
농촌이 상하이를 지배하는 형식으로 사회주의 개조를 단행했다.
다국적 도시 상하이는 개혁개방과 1992년 덩샤오핑의 남순강화를
계기로 다시 용틀임을 시작했다. 상하이 당서기를 지낸 장쩌민은
국가주석이 되어 푸둥을 마천루의 숲으로 변신시켰다. 역시 상하
이 당서기를 지낸 시진핑은 상하이에 자유무역지대를 선물했다.
상하이가 홍콩을 따라잡을 수 있을까. 21세기 중국의 과제다.

상하이(下)

# 미래 중국의 쇼케이스이자
# **돌파구**

"비즈니스는 중국에서 살아가는 시작이자 중간이며 끝이다.
무역이 없다면 어느 누구도 상하이에 오지 않을 것이다."

"상하이, 동쪽의 파리!

상하이, 서쪽의 뉴욕!

상하이, 세상에서 가장 국제적인 도시!"


1934년판 영문 여행가이드북 『상하이의 모든 것』의 문구다.
그해 상하이 인구는 335만 570명. 이미 런던, 뉴욕, 도쿄, 베를린,
시카고에 이은 세계 6대 메트로폴리스였다. 상하이는 개항, 신해
혁명, 개혁개방을 거치며 변신을 거듭했다. 또한 상하이는 중국의
여의주로 불리며 항상 중국을 선도했다. 미래는 과거라는 자양분
을 먹고 자란다. 중국의 미래를 상하이의 과거에서 찾는 이유다.

상하이(下)

## 글로벌 소사이어티의 탄생

"무역 환경 최악의 제국에 세계 최고의 무역항을 세우겠다." 영국
동인도회사 소속 휴 린지의 꿈이었다. 1832년 그는 로드 암허스트
호를 타고 중국의 동남연안을 정찰했다. 중국과 세계를 연결하는
세계 최대의 자유무역 허브를 물색하는 것이 임무였다. 상하이는
그가 찾던 바로 그 도시였다.

　　청나라 황제를 등에 업은 독점 대외 무역상인 광저우 공행들
의 횡포가 심했다. 광저우 무역 시스템은 아편전쟁을 불렀다. 상
하이 개항은 영국의 승전 전리품이었다. 영국인들은 황푸강변 선
착장을 번드Bund(와이탄外灘)라고 이름 붙였다. 번드는 제방이란 뜻
의 힌두어다. 동인도회사의 소유라는 각인이었다. 영국은 상하이
를 중국에서 떼어내 조계를 세웠다. 통치는 공부국 몫이었다. 공
부국은 1862년 가스등, 1882년 전기, 1883년 상수도, 1892년 전
차를 도입했다. 런던, 뉴욕과 시차가 없었다. 조계의 서양 비즈니
스맨들은 몸은 중국에 있었지만 법적으로는 여전히 유럽과 미국
에 살 수 있었다.

　　1861년 미국에서 남북전쟁이 터지자 상하이의 미국 조계와
영국 조계가 합병됐다. 상하이 공공조계가 이때 탄생했다. 상하이
는 '글로벌 소사이어티'였다. 미국인은 7월 4일 독립기념일을, 프
랑스인은 7월 14일 혁명기념일을, 영국인은 6월 20일 빅토리아 여
왕의 즉위일을 축하했다. 독일인이 대서양을 건너 미국에 상륙하

면 미국인이 됐지만 지구를 돌아 상하이에 정착하면 여전히 독일인으로 살 수 있었다.

"비즈니스는 중국에서 살아가는 시작이자 중간이며 끝이다. 무역이 없다면 어느 누구도 상하이에 오지 않을 것이다." 동방의 엘도라도를 찾아온 부나비들의 속내는 같았다. 19세기 내내 서양인들은 자신을 '상하이랜더Shanghailander'라 부르며 중국인 브로커인 매판買辦과 단순 노무자 쿨리를 지배했다.


## "부자만 된다면 독재체제도 참을 수 있어"

2000년 이어진 황제 지배체제를 무너뜨린 신해혁명은 우창武昌에서 일어났지만 사실상 상하이 혁명이었다. 상하이에 기반을 둔 혁명조직이 비전을 제시했고 상인들이 돈을 댔다. 혁명은 상하이 현성縣城을 허물었다. 상하이에 뉴욕발 재즈 음악이 넘실댔다.

혁명을 지원한 상하이의 중국 상인들은 민주주의보다 궁극적인 안정을 원했다. 상하이총상회는 "상하이는 무역항이지 전쟁터가 아니다. 적개심은 민중의 적이다"라고 선언했다. 서구를 추격하기에 이념은 사치였고, 군벌일지언정 강력한 중앙권력 이외의 선택을 할 여력이 없었다. 그때부터 이미 중국인들은 부자만 될 수 있다면 기꺼이 독재체제를 감내했다.

제1차 세계대전이 터졌다. 상하이와 경쟁하던 유럽의 대도시들이 쇠락했다. 미국 역시 1919년의 금주법, 1924년의 외국인 배척 이민법, 1929년의 대공황으로 이어지는 3중 퍼펙트 스톰이 밀어닥쳤다. 재난의 무풍지대 상하이는 국제경쟁력을 지닌 코즈모폴리스로 성장했다.

1923년 상하이 경마장 옆 난징로에 초대형 오락장 다스제大世界가 개장했다. 암흑가의 거두 황진룽黃金榮이 중국인 건축가 저우후이난周惠南을 고용해 세운 상하이 최초의 중국인 건축물이었다. 다스제는 상하이 모던 보이, 모던 걸의 아지트였다. 서양 문화와 중국 문화가 융합된 하이브리드형 '하이파이海派' 문화가 넘실거렸다.

'하이파이'는 서양의 단순한 도용에 머물지 않았다. 상하이 신사들은 유럽식 바지 위에 중국식 도포를 걸쳤다. 파리의 최신 디자인도, 중국 황실의 정장도 상하이 모던 걸을 만족시키지 못했다. 그들의 선택은 치파오였다. 1920년대 상하이 댄스계에서는 모던 댄스의 한 종류인 찰스턴이 유행했다. 몸매를 적나라하게 드러내는 치파오는 춤을 방해했다. 극장주는 과감하게 치마의 옆을 칼로 찢었다. 옆트임 하나로 무희들의 불평을 해결했다. 전통의 도발적 해석이었다. 만주식 복장이 상하이 스타일로 재탄생했다. 난징로의 유명 치파오 맞춤가게인 훙샹치파오鴻翔旗袍가 상하이 스타일을 선도했다. 이후 유명 내수 광고에는 요염한 치파오를 입은 여배우들이 단골모델로 등장했다.

부유한 중국인들이 외국 상인들과 겨루는 사이 러시아혁명이 상하이까지 영향을 끼쳤다. 백러시아계 난민들은 부산에서 상륙을 거부당한 뒤 상하이로 왔다. 상하이 조계사회에서 가난한 백인은 낯설었다. 중국 부호는 백인 경호원을 고용했다. 여성들은 사창가에서 연명했다. 공산주의 국제연합인 코민테른의 에이전트도 상하이를 찾았다.

1925년 5월 30일 상하이에서 대형 시위가 터졌다. 5·30 반제국주의 운동이다. 공부국 소속의 백인 간부는 터번을 두른 건장한 인도계 시크족 경찰에게 비무장 시위대를 향한 발포를 명령했다. 외국인을 향한 상하이 조계의 분위기는 이전과 달라졌다. 상하이 랜더들은 위협을 느꼈다. 상하이는 결국 중국의 도시였다.

상하이에는 쇄신이 필요했다. 1927년 4월 12일 장제스는 공부국 의장의 묵인 아래 토종 마피아 두웨성杜月笙을 사주해 불온한 공산주의자들을 도살했다. 유명한 '4·12 쿠데타'다. 상하이의 혁명세력은 지하로, 농촌으로 스며들어갔다. 상하이랜더들이 성취한 상하이의 성공은 결국 파멸의 씨앗이 됐다. 놀라운 마천루, 럭셔리한 나이트클럽은 황푸강변의 메트로폴리스인 상하이를 중국의 나머지 부분에서 떼어놓았다. 상하이가 아무리 발전하고 성장했어도, 수억 농민들에 비하면 티끌 같은 존재였다. 중국 없는 상하이는 존재할 수 없었다. 농민들은 마오쩌둥의 지휘 아래 상하이랜더와 자본가의 심장을 조준했다. 상하이는 공산주의 혁명을 받아들였다.

## 동방의 여의주는 '21세기 대도'를 따라간다

마오쩌둥 시대 30년 동안 상하이는 숨을 죽였다. 상하이의 개조는 쉽지 않았다. 중국공산당은 1989년 6·4 톈안먼 사건의 돌파구를 상하이 푸둥에서 찾았다. 공산당 특유의 속도와 효율이 상하이를 변신시켰다. 미래 도시가 탄생했다. 1949년 10월 1일 톈안먼 망루에서 "중국이 일어섰다"고 외친 마오쩌둥의 선언은 50여 년 뒤 푸둥에서 비로소 실현됐다.

중국은 푸둥의 인프라 구축에 100억 달러를 쏟아부었다. 기업들은 마천루의 숲을 일궈냈다. 100여 년 전 탄생한 와이탄의 스카이라인이 황푸강 건너 푸둥에 펼쳐졌다. 와이탄에서 바라본 푸둥의 스카이라인은 전 세계 최신 마천루의 패션쇼 런웨이가 됐다. "오페라 여주인공의 의상 같다"는 어느 독일인 건축가의 소감처럼 '푸둥 스타일'의 핵심은 독특함이다. 건축주인 상하이 클라이언트들은 어디서 본 듯한 디자인은 철저히 거부했다. 21세기판 조계가 푸둥에 세워졌다. 19세기와 달리 공부국은 사라졌다. 공산당이 공부국을 대신했다. 외국인의 자치기구는 용납되지 않았다. 공산당이 허락하는 한도 내에서의 자유가 허락됐다.

주룽지 상하이 시장의 후임자 쉬광디徐匡迪는 당시 투자를 주저하는 서구 자본가들을 설득했다. "푸둥 건설은 성장하는 아이가 옷을 사는 것과 같다. 조금 큰 사이즈를 사면 금세 옷에 맞게 자랄 것이다." 세금 우대와 세계적 건축가를 동원한 마케팅이 펼쳐졌다. 1993년 푸둥의 랜드마크 빌딩 디자인 공모가 진행됐다. 돈을 상징하는 숫자 8을 테마로 시카고 건축가 에이드리언 스미스가 제출한 88층 높이의 진마오타워金茂大厦가 당선됐다. 푸둥에 위안화 제국을 건설하겠다는 의지의 표명이었다.

푸둥 일대의 도시 디자인은 중국식 사회공학의 산물이다. 둥팡밍주東方明珠의 여의주는 넓게 뻗은 도로인 스지대도世紀大道를 굽어보며 서 있다. 21세기에는 미국을 제치고 세계 1위의 국가가 되겠다는 차이나드림의 표현이다. 스지대도에는 횡단보도가 없다. 보행자는 지상으로 건널 수 없다. 1925년 5·30 시위의 재현을 원천적으로 차단하려는 중국 정부의 의도다. 그 대신 지하도를 놓아 보행자를 화려한 쇼핑몰로 안내한다. 상하이 시민들은 100여 년 전 난징로의 백화점과 마주친다.

2010년 엑스포는 상하이가 세계를 향해 커밍아웃한 파티였다. 당시 일감이 떨어진 농민공들은 모두 상하이에서 추방당했다. 상하이의 외국인 비율은 5퍼센트 선에서 관리된다. 상하이의 글로벌 비즈니스를 도우면서도 사회 안정을 해치지 않는 황금비율이다. '네오新 상하이랜더'들과 영어에 능통한 중국의 엘리트 상하이 사람들은 황금콤비를 이루었다.

상하이에 살지 않는 98퍼센트의 중국인들에게 상하이는 선망의 도시다. 마치 백화점 쇼윈도 안의 쇼케이스와 같다. 2006년 중국에서 개봉된 톰 크루즈 주연의 영화 〈미션 임파서블 3〉는 중국 개봉을 앞두고 상하이의 아파트에 빨랫감들이 널려 있는 장면이

가위질당했다. 상하이는 첨단의 상징이어야 한다는 선전부서 간부들의 강박관념 때문이다.

상하이는 중국에 제2의 '하이파이'를 불러일으킬 것이다. 지금 중국에는 치파오식 돌파구가 필요하다. 21세기 '하이파이'는 차이나드림을 이끌 엔진이다. 중국의 돌파구는 상하이의 어제와 오늘 속에 숨어 있다. 전 세계 차이나 워처들이 상하이의 모든 것을 새롭게 챙겨 보아야 하는 이유가 여기 있다.

# 33년 만에 GDP 7234배,
## 중국식 초고속 경제성장의 상징

"선전은 샤오핑 동지가 씨앗을 심은 실험구다.
지금 싹이 자라 살찌고 튼튼하다. 이 길이 옳다.
계속 나아가야 한다."
_시중쉰

『천당은 왼쪽, 선전은 오른쪽天堂向左, 深圳往右』. 무룽쉐춘慕容雪村이라는 필명으로 유명한 중국 작가의 소설 제목이다. 부를 좇아 선전시로 몰려든 중국 젊은이의 야망과 분투, 냉혹한 현실을 다루었다. 인기 덕에 2012년 드라마로도 제작됐다. 제목처럼 선전에는 천당과 지옥이 공존한다. 중국사회과학원은 도시 경쟁력 순위에서 선전을 홍콩 다음가는 중국 제2의 도시로 뽑았다. 다음은 젊은 도시 선전의 이야기다.

### 시진핑이 선전으로 간 이유

2008년 7월과 2012년 12월 각각 국가부주석과 당 총서기에 취임한 시진핑이 선전을 방문했다. 첫 지방 시찰이었다. 그가 수많은 도시 가운데 선전으로 먼저 간 이유는 아버지 시중쉰의 영향이 컸다. 시중쉰은 1978년 문화대혁명 때 당한 박해에서 복권돼 광둥성 서기에 취임했다. 그는 첫 시찰지로 바오안寶安(현재의 선전)을 찾았다. 부전자전인 셈이다.

선전은 시진핑 부자와 인연이 깊다. 1978년 시찰 때 시중쉰은 바오안현의 사터우자오沙頭角, 뤄팡羅芳, 뤄후羅湖, 황강皇崗, 수이웨이水圍, 위눙춘漁農村, 서커우蛇口 등을 두루 살폈다. 그의 발길이 닿은 곳은 모두 특구로 변신했다. 당시 바오안은 홍콩으로 탈출하는 사람들이 거쳐가는 작은 어촌에 불과했다. 현장에서 탈주현장을 목격한 시중쉰은 만감이 교차했다. 그는 수용소 탈주자에게 물었다. "왜 남의 종 노릇 하고 착취당하는 홍콩으로 도망치려 하는가?" 탈주자가 솔직히 대답했다. "우린 가난합니다. 배급이 적습니다. 홍콩에서는 일자리를 찾기 쉽습니다."

1년 뒤 시중쉰은 시로 승격한 선전시를 다시 찾았다. 홍콩 밀입국 문제의 해결책을 찾기 위해서였다. 답은 현장에 있었다. '표본겸치標本兼治'. 문제의 겉標과 속本을 동시에 해결하는 방식이다. 우선 대증요법으로 탈주자를 적발해 처벌했다. 이와 함께 대외개방과 민생 개선을 병행했다. 근본적인 문제 해결책이다. 홍콩과 격차를 줄여 탈출 동기를 없애려는 시도다. 이를 위해 시중쉰은 국무원(중앙정부)에 선전을 경제특구로 만들자고 건의했다. 덩샤오핑은 시중쉰에게 "(선전을) 특구라고 부르자. 과거 산간닝陝甘寧

2012년 12월 8일 선전시를 시찰중인 시진핑 공산당 총서기가
롄화산蓮花山 공원에 세워진 덩샤오핑 동상에 헌화하기 위해
단상에 오르고 있다. 사진 뒤로 시진핑의 아버지 시중쉰의 건의
로 1979년 경제특구로 지정된 도심의 마천루가 보인다.

(산시·간쑤·닝샤) 소비에트도 특구였다. 단, 지금 중앙에 돈이 없으니 자네가 스스로 만들어야 한다. 혈로를 뚫어라"라고 말했다. 마카오와 맞닿은 주하이珠海, 타이완과 마주한 샤먼廈門, 산터우汕頭와 함께 선전이 경제특구로 지정됐다. 선전특구의 기획자는 시중쉰이었다. 덩샤오핑은 후원자에 불과했다.

시중쉰은 1980년 전국인민대표대회 상무위 부위원장에 뽑혀 베이징으로 올라갔다. 그런 뒤에도 1987년 2월, 1988년 12월, 1989년 12월 등 수차례 선전을 찾았다. 방문할 때마다 그는 "개혁은 어렵고 힘든 임무다. 실수가 없을 수 없지만 개혁은 확고해야 한다. 제자리걸음도, 되돌아가서도 안 된다"고 강조했다.

시중쉰은 자신의 인생 전반은 북방의 토양이 키웠고, 후반 인생은 남방의 토양이 키웠다고 번번이 말했다. 은퇴한 1989년부터 2002년 숨질 때까지 선전에서 말년을 보냈다. 부인 치신齊心과 선전영빈관 별장 5동인 '란위안蘭園'에서 지냈다. 선전에 시찰 온 중앙 지도자들은 모두 시중쉰을 찾았다. 시중쉰은 그때마다 "선전은 샤오핑 동지가 씨앗을 심은 실험구다. 지금 싹이 자라 살찌고 튼튼하다. 이 길이 옳다. 계속 나아가야 한다"고 말했다.

2005년 9월 저장성 서기였던 시진핑이 선전시 언론과 한 인터뷰에서 "과거 푸젠성에서 근무할 때 선전을 여러 번 방문했다. 선전의 경험에서 많은 영감을 얻었다"고 밝혔다. 시진핑에게 선전은 정책의 샘터였다. 2012년 12월 7일 선전을 시찰한 시진핑은 롄화산蓮花山의 덩샤오핑 동상에 참배했다. 때마침 2012년은 덩샤오핑의 남순강화 20주년이었다. 확고히 경제개혁을 계속하겠다는 선언이었다. 이튿날 공식 일정을 마친 시진핑은 부인 펑리위안彭麗媛, 하버드대 유학을 중단하고 돌아온 딸 시밍쩌習明澤와 함께 란위안의 노모를 찾았다. 총서기 취임 후 처음으로 단란한 가족 시간을 가졌다는 후문이다.


## 현재진행형 신화, '선전속도'

1979년 1억 7900만 위안(약 329억 원)이던 선전의 국내총생산GDP은 2012년 1조 2950억 위안(약 238조 원)으로 증가했다. 33년 만에 7234배 증가한 수치다. 2007년 중국 최초로 1인당 국민소득 1만 달러를, 지난해에는 2만 달러를 돌파했다. 한국이 2만 달러 고지를 넘은 것은 2011년. 불과 1년 차이다. 선전시 인구는 1054만 명. 한국 인구의 약 5분의 1인 선전시가 턱밑까지 추격해왔다.

'선전속도'라는 신조어가 있다. 이는 1982년 11월부터 1985년 12월까지 37개월 만에 완공한 선전시 국제무역센터에서 나왔다. 무역센터는 160미터, 53층으로 당시 중국 최고 높이의 건물이었다. 1984년 선전을 방문한 덩샤오핑은 국제무역센터가 사흘에 한 층씩 올라가고 있다는 보고를 받았다. 덩은 흡족해하며 다시 방문해 꼭 올라보겠다고 말했다. 1992년 88세의 덩샤오핑이 다시 선전을 찾았다. 그는 국제무역센터 전망대에 올라 개혁개방을 외쳤다.

이것이 유명한 남순강화다. 53층 회전식 식당의 이름이 '덩궁팅鄧 公廳'인 것도 그런 이유에서다. 비싼 가격에도 '덩궁팅'의 예약 행렬 은 지금도 끊이지 않는다.

당시 덩샤오핑의 일거수일투족은 3월 26일자 선전특구보深圳 特區報 1면 톱기사로 실렸다. 기사의 제목은 '동방풍래만안춘東方風 來滿眼春'. 동쪽(홍콩)에서 바람이 불어오니 눈에 봄이 가득하다는 옛 시에서 인용했다.

선전은 신화의 도시다. 1990년대에는 383미터의 디왕地王빌 딩이 '신新선전속도'로 건설됐다. 아흐레에 4층씩 올라갔다. 선전 속도는 중국식 발전신화의 증거다. "시간은 돈, 효율은 생명"이라 는 표어가 뱀의 입이라는 의미의 서커우 공업구 대로에 여전히 붙 어 있다. 선전속도는 현재진행형이다.

선전은 기업을 세워 경제혈로를 뚫었다. 기업 특혜정책이 쏟 아졌다. 젊은 모험가들이 창업 물결로 화답했다. '삼성 추격자' 화 웨이華爲도 그중 하나다. 화웨이는 현재 에릭슨에 이은 세계 2위 통신장비 제조사다. 스마트폰 시장에서는 삼성, 애플에 이어 3위 로 추격해왔다. 군 출신의 런정페이任正非가 1988년 초기 자본금 2만 위안(약 370만 원)으로 선전에서 설립했다. 지난해 매출 2202억 위안(약 36조 3000억 원)의 글로벌 기업으로 성장했다. 선전시는 증 치세(부가세)를 반환해주고, 선전 시장과 부시장이 화웨이 특별팀 의 책임자를 맡는 방식으로 화웨이를 키웠다. 선전은 시정부가 기 업을 위한 서비스 조직을 만든 최초의 도시다. 기업 친화도시 선

고찰명／중국 도시 이야기

전은 수많은 옥동자를 낳았다.

화웨이에 이어 중국 2위의 통신장비업체인 중싱中興, ZTE, 세계적 전기차 제조업체인 비야디比亞迪, BYD, 중국 최대의 텔레비전 생산업체인 TCL, 중국의 인기 포털 텅쉰騰訊, Tencent의 본거지가 모두 선전이다.

## 평균 도서 구매량, 도서관 이용률 전국 최고

크리스마스는 선전의 최고 명절이다. 젊은 시민들이 성탄절을 좋아하기 때문이다. 그 대신 춘제春節(설날)가 되면 선전은 유령도시로 변한다. 토박이 없는 이민 도시이기 때문이다. 선전 시민은 대부분 외지인이다. 이 때문에 문화학자 이중톈은 "선전은 중국에서 사투리가 없는 유일한 도시"라고 『독성기』에서 지적했다. 사투리 없는 푸퉁화普通話 도시 선전의 특징은 개방과 수용이다. 개방과 수용성은 시민들을 독서광으로 만들었다.

1996년 11월 선전에서 제7차 전국 북페어(도서전)가 열렸다. 이전까지 북페어는 출판사들이 반품을 처분하는 행사에 불과했다. 선전에선 달랐다. 개막 당일 5위안(약 900원)의 입장료에도 10만 명이 넘게 입장했다. 10일 동안 '선전수청深圳書城' 한 서점 매출액만 2177만 위안(약 40억 원)을 넘었다. 이에 정부가 나섰다. 2000년부터 매년 11월을 '독서의 달'로 정했다. '독서, 진보, 조화'를 모토로

한 축제를 열었고, 선전은 학습형 도시로 재정비됐다.

선전은 평균 도서 구매량과 도서관 이용률이 전국 최고다. 선전의 베스트셀러에는 실용서가 많다. 허춘화何春華 선전출판그룹 부사장은 "선전은 이민 도시여서 평균 연령이 낮고 지식계층이 많아 지식 욕구가 강하다. 인재시장이 발달해 경쟁이 심하고 이 때문에 독서 인구가 많다"고 설명한다. 왕징성王京生 선전시 선전부장은 중국청년보 인터뷰에서 "선전시는 창출한 물질적 재부뿐만 아니라 시민들의 독서열로도 존중받을 만하다"며 "한 도시의 미래 발전은 그 역사, 건축, 재부뿐만 아니라 문화와 시민에게 달려 있다"고 말했다. 시민들의 독서열이 선전의 미래를 밝힌다는 말이다.

## 김정일 대취한 기린산장의 대작

2006년 1월 김정일 북한 국방위원장이 중국을 비밀리에 방문했다. 그는 멀리 선전을 찾아 중국 '개혁개방의 성지'를 둘러보았다. 당시 선전시 리훙중李鴻忠 서기와 쉬쭝헝許宗衡 시장은 김정일 일행을 난산南山구 시리西麗 호수변에 위치한 기린산장으로 초청했다. 호스트였던 쉬쭝헝은 첫 잔으로 마오타이주 석 잔을 단번에 마시며 이웃 손님을 환영했다. 술로는 누구에게도 지지 않았다는 김정일은 호탕한 쉬쭝헝을 칭찬했다. 둘은 "술은 지기를 만나 마시면 1000잔으로도 모자란다酒逢知己千杯少"며 마오타이를 연거푸 비웠다. 주량이 보통이 아닌 쉬쭝헝조차 이날은 마신 술을 게우면서까지 대작對酌했다는 후문이다.

다음날 선전을 떠나는 열차 플랫폼에서 김 위원장이 사람을 찾았다. 중국측 인사가 김 위원장이 '술친구'를 찾고 있음을 눈치 채고 뒤에 있던 쉬쭝헝을 앞으로 내세워 김정일과 악수를 나누게 했다. 김정일은 쉬쭝헝과 악수하며 "언제라도 평양에 오면 다시 한번 거나하게 마셔보자"고 말했다. 하지만 3년 뒤 쉬쭝헝은 부패 혐의로 낙마했다. 5년 뒤에는 김정일도 세상을 떴다. 기린산장의 대작은 평양으로 이어지지 못했다.

# 은퇴자의 로망도시
# '북방의 홍콩'

"공부는 베이징, 일은 상하이,
노후는 다롄에서."

"100년 비바람 시련을 겪으니, 북방의 밝은 진주가 빛나네百年風雨
洗禮, 北方明珠生輝." 1999년 8월 장쩌민 전 국가주석이 다롄大連시 성
립 100주년을 기념해 방문하면서 남긴 문구다. 당시 다롄의 일인
자 보시라이는 정치적 도약을 위해 장쩌민을 극진히 대접했다.
"공부는 베이징, 일은 상하이, 노후는 다롄에서"라는 말처럼 다롄
은 선망의 도시다. '북방의 홍콩'으로도 불린다.

## 다롄의 탄생

다롄은 북한의 남포항에서 정서쪽으로 333킬로미터 떨어진 랴오
둥遼東반도 남단의 항구도시다. 당대唐代에는 삼산포三山浦, 명청대

에는 삼산해구三山海口, 청니와구로 불리던 작은 어촌이었다.

산하이관을 넘은 중국의 마지막 왕조 청은 행성行省과 번부藩部를 설치하면서 대륙을 접수했다. 정작 고향인 동북에서는 동진하는 제정러시아에 밀렸다. 러시아는 1689년 네르친스크조약, 1858년 아이훈조약, 1860년 베이징조약을 맺으며 청의 영토를 야금야금 앗아갔다. 수세에 몰린 청은 군사기구인 '장군將軍'을 동북 변경 세 곳에 설치했다. 1907년 '장군'을 펑텐(지금의 선양)·지린·헤이룽장 3개 행성으로 바꿨다. 동북 3성의 시작이다.

다롄은 일본이 선점했다. '메이지유신'에 성공한 일본은 1894년 청일전쟁을 일으켜 다롄, 뤼순, 안둥安東(지금의 단둥丹東)을 점령했다. 패배한 청은 1895년 4월 17일 일본과 시모노세키조약을 맺고 타이완과 펑후제도澎湖諸島, 랴오둥반도를 일본에 할양했다. 배상금은 2억 냥은 별도였다. 하지만 일본의 기쁨은 잠시였다. 막강 러시아가 프랑스, 독일과 손잡고 4월 23일 일본에 랴오둥반도 포기를 권고했다. 삼국간섭이다. 일본 정부는 중국으로부터 포기 대가로 은 5000만 냥을 받아내 실리를 챙겼다.

러시아가 다롄의 새 주인이 됐다. 1898년 3월 청과 '뤼순·다롄 조차 조약'이 체결됐다. 러시아는 만주를 동서와 남북으로 관통하는 동청철도東淸鐵道의 남쪽 종착역을 다롄에 만들었다. 1899년 8월 11일 마지막 차르 니콜라이 2세는 다롄에 자유항을 건립했다. 그런 다음 기존의 청니와를 '다리니дальний(멀다)'라는 러시아식 이름으로 바꿨다.

절치부심하던 일본은 1904년 2월 4일 러시아를 상대로 전쟁을 결심한다. 러일전쟁은 육상과 해상에서 동시에 벌어졌다. 육상의 일본군은 진저우金州, 다롄, 뤼순, 안둥을 급습한 뒤 랴오양遼陽으로 진격했다. 1905년 3월 1일 지금의 선양 인근에서 대규모 전투가 벌어졌다. 열흘간의 전투에서 일본이 승리했다. 5월 말에는 러시아 함대마저 패퇴했다. 9월 5일 미국의 중재로 러시아와 일본은 '포츠머스조약'에 조인했다. 러시아는 뤼순, 다롄과 그 주변의 영토와 영해의 조차권, 창춘, 뤼순을 잇는 철도와 그 지선과 부속된 모든 권리와 특권(채광권 포함), 재산을 무상으로 일본에 양여했다. 중국의 주권은 유명무실했다. 제국주의 일본은 본격적으로 야욕을 드러냈다.

다롄은 일본의 조차지가 됐다. 일본은 '다리니'를 '다롄'으로 바꿨다. 랴오둥반도 남단을 관동주關東州로 획정하고 식민통치기구를 세웠다. 1906년 남만주철도주식회사(이하 만철)가 설립됐다. 본사는 다롄, 분사는 도쿄에 설치했다. 만철은 다롄에 '만철조사부'를 설치했다. 만철조사부는 선양, 지린, 하얼빈, 베이징, 상하이 등에 사무소를 두고 중국의 군사, 정치, 경제 정보를 수집하는 거대한 정보조직으로 보폭을 넓혔다. 1919년 세워진 관동군사령부는 중국 침략의 선봉이 됐다.

1945년 8월 10일 소련은 대일 선전포고를 한 뒤 만주국을 향해 진격했다. 24일 다롄을 재점령한 소련은 뤼순에 해군기지를 건립했다. 11월 8일 다롄시 인민정부가 성립했다. 1950년 뤼순과 다

렌은 뤼다시旅大市로 통합됐다. 소련군은 1955년 다롄과 뤼순에서 철수했다. 뤼다시는 1981년 다시 다롄시로 이름을 바꿨다. 1984년 다롄은 13개 연해개방도시에 포함됐다. 다롄의 새 역사가 시작됐다.


## 저우언라이의 휴양지

다롄은 저우언라이 총리와 인연이 깊다. 그는 다롄을 여덟 차례 방문했다. 한국전쟁이 한창이던 1951년 봄 중앙보건위원회는 과로에 시달리던 저우언라이의 휴양을 당중앙에 건의했다. 그해 5월 13일 마오쩌둥의 비준을 받은 저우언라이는 아내와 두 달 예정으로 다롄을 찾았다. 다롄 시내 헤이스자오黑石礁 인근 청나라 숙친왕의 7남 금벽동金碧東의 저택을 개조한 호텔에 머물렀다.

　　전쟁중이라 안전을 염려한 비서진은 총리에게 수염을 기를 것을 권했다. 그는 "총리가 어찌 인민을 믿지 못하느냐"며 뿌리쳤다. 다롄의 저우언라이는 '약법 3장'을 지시했다. 수행원, 인사 방문, 일정 배려를 엄금했다. 시 간부들은 지척의 총리에게 인사조차 할 수 없었다.

　　한광韓光 당시 다롄 시장은 어느 날 급히 만나고 싶다는 총리의 전화를 받았다. 총리가 직접 인민정부 2층 시장 사무실로 찾아왔다. 현안을 물어보던 저우 총리는 갑자기 "즉시 전차를 종점까지 다니게 하시오"라고 일갈했다. 당시 다롄시는 총리의 휴양을 위해 시끄러운 전차가 호텔 앞을 지나지 못하도록 조치해놓았던 것이다. 경호인원이 노동자로 변장해 궤도를 수리하는 시늉을 했다. 놀란 시장은 "총리, 다롄은 오랫동안 러시아와 일본의 통치를 받았고, 해방된 지 얼마 되지 않았습니다. 게다가 호텔이 전차정거장 바로 옆이라……"며 변명을 늘어놓았다. 총리는 시장의 말을 끊으며 "시장 동지, 인민을 위한 정치는 우리 당의 영혼이오. 모든 일을 결정할 때 인민을 잊어선 안 되오"라며 다그쳤다. 결연한 총리의 모습에 시장은 바로 정상 운행을 지시했다. 총리는 그제야 "시장 동지가 신속하고 원만하게 문제를 해결해주었소"라며 "보통 백성을 대표해서 감사하오"라고 말한 뒤 자리를 떴다. 훗날 저우언라이는 중국을 찾아온 제3세계 국빈을 동반하고 다롄을 찾았다. 수수한 평민 총리의 모습은 여전했다.

베이징의 댜오위타이釣魚臺 영빈관처럼 중국에는 주요 도시마다 국빈관이 있다. 중앙의 최고 지도자나 정상급 외빈을 위한 숙소다. 다롄의 국빈관은 도심에서 5킬로미터 정도 떨어진 해안가에 위치한 방추이섬棒捶島 호텔이다. 1959년 둥산東山 호텔로 지어진 뒤 1977년 이름을 바꿨다. 2010년 5월 3일 중국을 전격 방문한 김정일 북한 국방위원장은 시내 푸리화富麗華 호텔에 묵었다. 환영 만찬 장소만 방추이섬 국빈관이었다.

방추이섬은 홍두깨섬을 뜻하며 호텔에서 내다보이는 섬이다. 호텔 앞에는 마오쩌둥의 필체로 새겨진 '방추이섬' 비석이 서 있다. 저우언라이와 달리 마오쩌둥은 다롄 방문을 두 차례 계획했으나 사정이 생겨 모두 취소됐다. 마오와 방추이섬의 인연은 예젠잉 葉劍英 원수의 한시로 엮여 있다.

　　1965년 8월 24일 당시 예젠잉 국방위원회 부주석이 다롄을 군사 시찰했다. 당시는 국제 공산주의 운동이 쇠퇴하면서 혁명 수출을 노리던 중국이 의기소침하던 때였다. 유장儒將으로 불리던 예젠잉은 호텔 창가에서 가뭇없는 혁명의 기운을 칠언율시 「원망遠望」에 담았다. 그는 시 앞머리에 '다롄 방추이섬에서在大連 棒捶島'라고 적었다. 시를 본 마오쩌둥은 칭찬을 아끼지 않았다. 그해 12월 26일 72회 생일을 맞은 마오는 축하하러 찾아온 차남 마오안칭과 며느리 사오화邵華에게 친필로 쓴 예젠잉의 시를 선물했다. 마오가 쓴 '원망'은 1977년 4월 6일자 런민일보 1면에 공개됐다. 다롄시 정부는 1995년 국빈관을 리노베이션하면서 마오의 이 시를 떠올렸다. 마오의 방추이섬 친필 비석은 이때 탄생했다.

## 천의 얼굴을 한 도시

다롄은 선망의 도시다. 인구밀도가 낮아서다. 베이징의 절반 수준이다. 부동산의 60퍼센트가 외지인 소유다. 다롄 생활은 은퇴자의 로망이다. 해변가에서 웨딩 촬영을 하는 신혼부부의 절반이 외지인이다. 바다에 유골을 뿌리는 이의 3분의 1도 외지인이다.

　　다롄은 최첨단 도시다. 미국의 유명 칼럼니스트 토머스 프리

드먼이 저서『세계는 평평하다The World Is Flat』에서 극찬했을 정도다. 중국 첫 항공모함인 랴오닝함을 진수한 조선산업의 중심지이기도 하다. 2007년부터 2011년까지는 세계경제포럼 하계대회(일명 하계 다보스포럼)가 다롄에서 열렸다. 2012년에는 톈진에 개최지를 양보했다. 여자 기마경찰대가 유명하다.

다롄은 광장의 도시다. 80여 개의 대형 광장을 갖고 있다. 중산, 우호, 항만, 3·8, 승리, 민주, 인민, 5·1, 5·4, 해방, 해군, 희망, 올림픽 광장 등 이름도 다양하다. 톈안먼 광장보다 넓은 아시아 최대 광장인 싱하이星海 광장은 압권이다. 바닷가 싱하이 광장 주변 고급 아파트는 다롄 최고가를 자랑한다. 부동산 불황도 다롄은 예외다.

다롄은 관광의 도시다. 진스탄金石灘, 라오후탄老虎灘 등의 유명 관광지뿐 아니라, 해산물, 포도주, 맥주, 앵두, 사과의 날 등 다양한 축제로 관광객을 유혹한다. 2009년 3517만 명, 2012년에는 4943만 명의 관광객이 다롄을 찾았다. 한국의 2012년 외래 관광객이 1110만 명이었다. 다롄은 한국보다 네 배 이상 많은 관광객을 유치했다.

다롄은 축구의 도시다. '축구성'이 또다른 별명이다. 다롄스더大連實德 축구클럽은 중국 프로축구 슈퍼리그의 강호다. 1995년부터 1997년까지 다롄완다萬達 시절 55게임 연속 무패를 기록했다. 한국의 안정환이 2009년 입단해 한국에도 익숙하다. 축구는 다롄의 자존심이다.

하나 더. 다롄은 패션의 도시다. 중국에는 "광저우에서 먹고, 상하이에서 놀고, 다롄에서 입는다"는 말이 있다. 다롄 패션 페스티벌DFF은 세계적인 패션 축제다. 2012년 9월 제23회 페스티벌이 열렸다. 뤄양의 모란축제, 하얼빈의 빙등제, 웨이팡의 연축제와 함께 중국의 4대 축제로 손꼽힌다.

DFF는 보시라이 전 시장의 작품이다. 8년간 다롄 시장을 지낸 보시라이는 다롄을 '북방의 홍콩' '화원 도시' '축구성' '패션시티'로 만들었다. 다롄 시민들은 지금도 "공은 공이고, 과는 과"라며 몰락한 보시라이를 잊지 못한다.

다
롄

## 청두(上)

# '이백, 두보'의 도시에서
# '미식'의 도시로

옛날에 "천하의 인재는 쓰촨으로 들어간다"라는 말이 있었다면
현재에는 "천하 인재는 모두 쓰촨에서 나온다"라는 말이 생겼다.

"좋은 비는 시절을 알아, 봄이 되니 내리네. 바람 따라 몰래 밤에 들어와, 소리 없이 촉촉이 만물을 적시네. 들길은 구름이 낮게 깔려 어둡고, 강 위에 뜬 배는 불빛만 비치네. 새벽에 붉게 젖은 곳을 보니, 금관성錦官城(청두의 다른 이름)에 꽃들이 활짝 피었네." 시성 두보가 청두成都에 머무를 때 지은 시 「봄밤에 내리는 기쁜 비春夜喜雨」다. 정우성과 가오위안위안高圓圓이 주연해 연인의 애틋한 사랑을 그렸던 영화 〈호우시절〉의 무대 쓰촨성 청두로 떠나보자.


### 한나라 시절 이미 인구 40만 명 '전국 6대 도시'


"촉나라 가는 길 어려워라. 푸른 하늘 오르기보다 더 어렵구나蜀道

238

之難. 難於上靑天." 시선 이백이 지은 「촉도난蜀道難」의 한 구절이다. 이백의 고향 쓰촨은 천부의 나라天府之國로 불린다. 부府는 문서나 재물을 저장하는 창고다. 천부는 천자의 창고다. 천자는 하늘 아래 최고 부자다. 천부지국이 천하에서 가장 좋은 나라인 이유다.

1986년 청두시 북쪽으로 38킬로미터 떨어진 광한廣漢시에서 청동기 유물이 발굴됐다. 싼싱두이三星堆 유적이다. 중국 황허 문명과 다른 독자적인 고대 청동기 문명의 존재가 확인되는 순간이었다. 중국 북방의 신석기 홍산紅山문명과 더불어 중국 고대문명이 단일하지만은 않았음이 증명됐다. 싼싱두이 문명을 이룬 고대 촉국은 상商왕조와 대등한 세력으로 성장했다. 촉국은 기원전 316년 진秦나라 군대의 말발굽에 무릎을 꿇었다. 망국의 귀족들은 남쪽으로 떠났다. 지금의 미얀마와 베트남 북부에 정착한 그들은 싼싱두이 문화를 이어갔다.

한편 진나라 촉군蜀郡 태수 이빙李冰은 청두 서쪽을 흐르는 민장강岷江에 도강언都江堰을 건설했다. 중국의 인공 수리 관개사업의 효시다. 물길을 통제해 홍수를 막자 농업이 발달했다. 비옥한 쓰촨의 물산은 더욱 풍부해졌다. 사마천은 『사기』에서 지금의 시안 일대인 관중지방을 천부지국이라 불렀다. '기름진 들판 천 리沃野千里, 금성천리金城千里'로 불리던 관중은 진한秦漢 이후 쓰촨에 천부지국의 타이틀을 넘겨주었다.

청두는 중원의 후방이다. 한나라 시절의 청두는 인구 40만 명으로 전국 6대 도시였다. 왕조가 쇠락하고 천하가 어지러워지자

제갈량은 이곳 익주益州의 잠재력에 주목했다. 유비를 보좌해 촉한蜀漢을 세웠고 익주의 자원으로 군사력을 키웠다. 삼국정립의 판도를 만든 그는 중원 통일의 꿈을 여기서 키웠다. 청두시에는 지금도 제갈량을 모시는 사당 무후사武侯祠가 있다.

청두는 시인의 도시다. 당나라의 시선 이백은 청두에서 자랐다. 시성 두보는 현존하는 시 1400여 수 가운데 800여 수를 청두에서 지었다. 그가 3년 9개월간 머물던 두보초당杜甫草堂은 지금도 많은 관광객이 찾는 명소다. 송나라의 대문장가 소식蘇軾은 청두 남쪽 메이산眉山 출신이다. 중원의 문화가 예를 중시하고, 현재의 후베이성인 초나라의 문화가 무속을 중시한다면, 쓰촨성 청두는 신선神仙을 중시했다. 도교의 발상지 격인 칭청산靑城山이 청두에서 멀지 않다. 불교의 성산 어메이산峨眉山 인근에서 태어난 소식은 도교와 불교를 아울렀다. 청두의 자연과 문화는 소동파의 명문을 만들었다.

청두는 이민의 도시다. 명나라에서 청나라로 넘어가던 시절 장헌충張獻忠이 군대를 이끌고 청두에 들어왔다. 황제를 자칭한 그는 국호를 대서大西, 청두를 서경西京으로 정한 뒤 잔혹한 학살을 자행했다. 『명사明史』 「장헌충전」은 그가 청두의 군인 98만, 남녀 6만만萬萬을 죽였다고 기록해놓았다. 6만만이면 6억 명이다. 당시 쓰촨의 인구가 600만 명을 넘지 않았으므로 이 기록은 과장이다. 하지만 수많은 백성이 그에게 죽임을 당한 것만큼은 분명하다. 곧이어 청의 만주족 군대가 몰려들어왔다. 계속된 전란과 전염병, 기근으로 쓰촨의 인구는 급속히 줄었다. 청나라가 안정되자 이민의 물결이 쓰촨을 뒤덮었다. '호광전사천湖廣塡四川'이란 말이 생겼다. 후난·후베이·광둥·광시廣西의 백성들이 쓰촨을 채웠다는 말이다. 기록에 따르면 1685년 9만 명에 불과하던 쓰촨의 인구가 불과 30년 만에 949만 명으로 폭증했다. 새로운 쓰촨, 새로운 청두가 이때부터 시작됐다.

입안이 얼얼하게 매운 쓰촨요리, 변화무쌍한 가면극인 변검變臉과 쓰촨의 전통극인 천극川劇 등 새로운 쓰촨 문화가 꽃을 피웠다. 중국 현대문학을 대표하는 4인방이 있다. 루쉰魯迅, 궈모뤄郭沫若, 바진巴金, 마오둔茅盾이 그 주인공이다. 그 가운데 궈모뤄와 바진이 쓰촨 사람이다. 바진은 청두 태생이다. 옛날에 "천하의 인재는 쓰촨으로 들어간다天下才人皆入蜀"라는 말이 있었다면 현재에는 "천하 인재는 모두 쓰촨에서 나온다天下才人皆出蜀"라는 말이 생겼다. 중화인민공화국의 영웅 주더朱德와 덩샤오핑의 고향도 쓰촨이다.

쓰촨의 근현대 역사 역시 평탄치 않았다. 청나라 왕조를 무너뜨린 신해혁명이 벌어지던 당시 쓰촨에서는 기찻길을 서구 열강으로부터 지키자는 보로保路운동이 불길처럼 번졌다. 보로운동은 중국 버전의 의병운동이다. 1934년 말 대장정을 시작한 중국공산당 홍군은 쓰촨의 60퍼센트에 이르는 현을 지났다. 이 과정에서 적어도 15만 명의 쓰촨인이 홍군을 음으로 양으로 도왔다. 중일전쟁이 발발하자 장제스의 국민당 정부는 일본 제국주의 침략에 쫓

청두(上)

겨 쓰촨의 충칭에 임시정부를 세웠다. 쓰촨은 물자가 충분했다.
특히 소금과 양식이 풍부해 일본과 전쟁하는 동안 후방의 병참기
지 역할을 맡기에 충분했다.

쓰촨의 고난은 여기서 끝나지 않았다. 1958년 중소분쟁이 터
졌다. 1964년에는 북베트남 경비정과 미국 해군 구축함이 충돌했
다. 이른바 통킹만 사건이다. 베트남전쟁이 시작됐다. 마오쩌둥은
중국 경제의 목줄인 주요 공장들이 모두 연해지방에 몰려 있는 현
실을 우려했다. 소련과 미국의 위협에 모두 대비해야 했다. 연해
의 공장들을 쓰촨으로, 또 청두로 이사시켰다. 수백만 명의 인구
가 청두로 몰려들어왔다. 1964년부터 1980년까지 17년간 진행된
제3선 건설 작전이 시작됐다.

## 화끈하게 매운 쓰촨요리의 총본산

삼국시대 촉나라의 관리 장봉張奉이 사신으로 오吳나라에 갔다. 그
는 손권이 베푼 연회자리에서 불손하게 굴었다. 이를 못마땅하게
여긴 오나라 신하 설종薛綜이 물었다. "선생께서는 '촉'이 무슨 뜻
인지 아시오?" 장봉은 말문이 막혔다. 설종은 "개犭(견)가 있으면
'독獨'이요, 개가 없는 것이 촉蜀이오. 눈이 옆으로 찢어져罒 몸을
구부리고勹 구차하게 아첨하며 그 배 속에 벌레虫가 들어 있는 것
이오"라며 비아냥거렸다.

244

쓰촨을 뜻하는 한자 '촉'은 위의 일화처럼 배 속의 벌레라는 뜻이 아니다. 접시꽃蜀葵(촉규) 위에 사는 애벌레를 말한다. 촉지방이 비단을 처음으로 만든 곳이기 때문이다. 하지만 촉이 '복중지충腹中之蟲'의 모습인 것처럼 청두 사람들은 먹는 것을 좋아한다.

쓰촨요리는 맵기로 유명하다. 중국에서는 고추를 라자오辣椒라고 부른다. 고추는 16세기 후반에야 중국에 전해졌다. 처음 들어온 곳은 해안의 저장성이었다. 강남의 신선한 요리 재료에 고추는 어울리지 않았다. 내륙인 후난성에 전해진 뒤 인기를 끌었다. 고추의 사투리 하이자오海椒는 이렇게 생겼다. 대이민의 물결과 함께 고추가 쓰촨으로 들어왔다. 이민자들에게는 험난한 여정과 농지 개간 노동의 어려움을 견딜 자극제가 필요했다. 입안이 얼얼할 정도로 매운 마라麻辣가 쓰촨요리의 대명사가 된 연유다.

쓰촨총독 정보정丁寶楨은 궁바오지딩宮保鷄丁이라는 중국의 기본 요리를 만들었다. 개인 요리사를 대동하고 쓰촨에 부임한 고관대작들은 쓰촨요리를 한층 더 풍부하게 했다. 1861년 만주족 관정흥關正興은 청두에 자신의 이름을 딴 정흥원正興園이라는 식당을 열었다. 정흥원은 쓰촨 스타일을 접목한 만한전석 요리로 유명했다. 만주족과 한족의 요리를 집대성한 풀코스 요리에 쓰촨의 맛이 첨가됐다. 특히 정흥원은 쓰촨 요리사들의 요람이었다. 신해혁명이 발발하자 정흥원은 문을 닫았다. 이곳에서 일하던 요리사들이 각자 독립해 식당을 열었다. 쓰촨요리는 20세기 초 중화요리의 최고봉으로 굴기했다.

붉은 고추기름을 둥둥 띄운 솥의 육수에 고기를 데쳐 먹는 중국식 샤부샤부 훠궈火鍋 역시 쓰촨이 고향이다. 20세기 전까지는 하급노동자 쿨리들의 먹을거리였다. 이후 훠궈는 고급관리들을 비롯해 전 중국인이 가장 좋아하는 요리가 됐다. 지금은 한국을 비롯해 전 세계에 보급돼 많은 사랑을 받고 있다.

2010년 2월 유네스코는 청두시를 맛있는 음식의 도시美食之都로 선정했다. 청두시가 그동안 국제미식관광축제 등 다양한 국제 규모의 미식행사를 벌여온 성과다. 청두시는 연간 수천만 명의 미식 관광객을 끌어들이고 6조 원을 벌어들이는 요식업의 강자다. 지금도 끊임없이 변화, 발전하는 쓰촨요리가 앞으로 어떤 먹을거리로 우리 입을 즐겁게 할지는 아무도 알 수 없다.

청두(下)

# 나라의 미래를 견인하는
## 서부대개발의 핵심엔진

중국의 새로운 미래는 서부에 있다.
_포춘

2013년 4월 20일 오전 8시 2분(현지시간) 쓰촨성 청두시. 40여 초 동안 시내 건물들이 심하게 흔들렸다. 도심에서 서남쪽으로 106킬로미터 떨어진 야안雅安시 루산蘆山현 지하 12킬로미터 진앙에서 발생한 진도 7.0의 강진 때문이었다. 지진의 영향은 딱 거기까지였다. 5년 전 서북쪽 75킬로미터의 원촨汶川 대지진 때처럼 청두는 끄떡없었다. 지반의 모래층이 지진파를 흡수했기 때문이다. 지진 이튿날부터 25일까지 서부대개발 엔진 청두시를 둘러보았다.

### 지진은 경제 활력 요인?

"루산 지진은 안타까운 재해지만 청두 경제에는 활력 요소다." 4월

24일 청두 한국총영사관 지진상황실에서 만난 정만영 총영사는 청두는 진원지와 지반이 다른 지진 안전지대라고 말했다. 2012년 청두시 국내총생산GDP은 8139억 위안(약 146조 원)으로 15개 부·성급 도시 가운데 3위를 차지했다. 2008년 7위에서 네 단계 올랐다. 원촨 대지진 복구를 위해 투입된 막대한 지원 덕이다. 구식 버스가 친환경 버스로 전면 교체되는 등 지진은 청두 시민의 삶을 바꿔놓았다.

청두는 서부지역 최대 소비도시다. 유럽계 패스트패션SPA 브랜드 중 여성복 매출액에서 세계 1위를 기록한 매장이 가장 많은 도시다. "청두 사람들은 5000위안을 벌면 1만 위안을 쓴다"는 말이 있을 정도로 구매력이 크다. 도심에는 이미 26개 대형백화점이 성업중이다. 2008년 지진으로 인한 막대한 희생을 목도한 청두 시민들이 인생관을 바꾼 걸까. 소비는 더욱 늘었고 경영환경은 좋아졌다. 루산 지진이 터지자 현지 기업인들은 중앙정부의 우대정책과 경제 업그레이드를 기대하고 있다.

시민의식도 달라졌다. 지진 발생 후 첫 월요일인 22일 도심에 근무하는 회사원 위안싱웨이袁興偉는 평소와 달리 차를 놓고 지하철을 이용했다. 출근길에 지나치는 대형병원 주변의 교통정체를 우려해서다. 이날 청두 시내에는 "생명차로를 양보하자"라고 쓰인 팻말을 든 자원봉사자들이 곳곳에 서 있었다. 현장 구조를 전문인력에게 맡긴 시민들은 조그마한 도움이라도 베풀려는 모습이 역력했다.

## 서부대개발의 핵심엔진

굵은 봄비가 내린 4월 23일 청두시 도시계획전시관을 찾았다. 흰색 대리석 외관의 4층 건물인 전시관의 주소는 진후이가錦暉街 88호다. 진후이가는 톈푸대도天府大道와 맞닿아 있다. 톈푸대도는 런민로人民路와 이어지는 청두시의 중축선이다. '인민'과 '천자의 창고天府'를 상징하는 축선 옆으로 발복을 기원하는 숫자 8이 겹친 길지에 청두시의 모델하우스를 세운 셈이다. 중국의 물산 배후지에서 세계의 창고로 비상하겠다는 꿈을 담았다.

전시관의 핵심은 3층 모형관이다. 청두의 미래상을 1000분의 1 크기의 미니어처로 압축해놓았다. 청두는 마오쩌둥의 동상이 서 있는 톈푸 광장을 중심으로 4개의 순환도로와 24개 간선도로가 뻗어나가는 방사형 도시다. 동서남북 그린벨트 외곽으로 문화, 창의, 바이오, 에너지, 정보통신, 소프트웨어, 유통업을 각각 특화한 신도시 건설을 추진하고 있다. 청두시는 발전 대전략을 1300제곱미터 넓이의 모형에 담아 외국 자본을 유혹하고 있었다.

2011년 4월 국무원(중앙정부)은 톈푸 신구 프로젝트를 인가했다. 2030년까지 추가 인구 600만 명 수용을 목표로 상하이의 푸둥 신구, 톈진의 빈하이 신구를 잇는 국가급 프로젝트다. 최첨단 산업도시로의 변신이 목표다. 톈푸 신구는 산업, 상업, 거주에 적합한 국제화된 미래도시를 지향한다. 수용 인구 20~30만 명 규모의 30여 개 그리드로 나누어 교통체증, 환경오염 등 다른 대도시가

청두(下)

겪고 있는 '도시병'을 원천적으로 차단했다.

　　최근 중국에서는 서삼각 경제권이 화두다. 청두, 충칭, 시안 3대 거점도시를 중심으로 한 경제권역을 말한다. 2012년 쓰촨과 충칭, 산시陝西의 성장률은 각각 12.6퍼센트, 13.6퍼센트, 15.5퍼센트였다. 전국 7.8퍼센트보다 크게 높은 수치다. 청두는 중국판 '고 웨스트Go West' 정책인 서부대개발의 핵심엔진이다. 2000년 시작된 서부대개발은 50년 예정으로 진행중인 프로젝트다. 인프라를 갖추는 1단계가 끝났다. 2030년까지 가속발전 단계에 들어섰다.

　　톈푸 신구는 21세기형 중국 도시화의 쇼케이스다. 리커창 정부는 신형도시화를 핵심 경제발전 전략으로 내세웠다. 톈푸 신구에서 모델링이 성공하면 곧 중국 전역으로 전파된다. 마자닝馬加寧 제너럴 일렉트릭GE 중국부총재는 "GE가 2012년 청두에 의료, 에너지 분야 이노베이션 센터를 세운 이유도 신형도시화 정책의 영향을 크게 받았다"고 말했다.

　　서부대개발과 신형도시화가 겹치는 청두에서 기회를 노리는 한국 기업들의 발걸음도 빨라졌다. 베이징 현대에 이어 쓰촨 현대법인을 설립한 현대차그룹은 2012년 청두시 동남쪽 쯔양資陽시에 상용차 공장을 착공했다. 롯데는 선양에 이어 제2의 롯데타운을 건설하기 위해 판청강攀成鋼 용지를 3000억 원에 매입 완료했다.

## 포춘 "중국의 새로운 미래는 서부에 있다"

2013년 4월 23일 거훙린葛紅林 청두 시장은 지진 현장 대신 제2순환도로를 덮는 고가건설 현장을 찾았다. "마지막 1개월간 분투하라"며 근로자들을 다그쳤다. 청두시에서는 6월 6일부터 사흘간 제12차 포춘 글로벌포럼이 열렸다. 마무리 준비에 박차를 가한 것이다. 1995년 싱가포르에서 시작된 포춘 글로벌포럼은 세계에서 가장 경제 활력이 넘치는 도시에서 열린다. 글로벌 기업인들은 한데 모여 미래를 논의한다. 청두는 중국에서 상하이, 홍콩, 베이징에 이은 네번째 포럼 개최 도시다.

　2013 포춘 글로벌포럼의 주제는 '중국의 새로운 미래'다. 중국의 새로운 미래를 청두에서 모색하겠다는 의미다. 『포춘』 선정 500대 기업 중 233개 기업이 이미 청두에 진출했다. 인텔은 중앙처리장치CPU 절반을, 폭스콘은 전 세계 아이패드의 70퍼센트를 청두에서 생산하고 있다. 거쥔弋峻 인텔차이나 상무이사는 "글로벌기업의 CEO들에게 중국 투자는 서부를, 서부 투자는 청두를 보아야 한다는 사실은 이미 상식"이라고 말한다. 올해 포럼은 지속 가능한 발전, 창신과 기술, 글로벌 금융과 경기회복, 중국의 세기 등 4개 트랙으로 성공리에 진행됐다.

　청두는 내륙도시다. 통념상 물류에 불리하다. 현실은 달랐다. "청두공항의 규모는 중국 4위다. 매일 정기화물기 두 대가 첨단 정보통신IT 제품 200여 톤을 싣고 유럽으로 향한다. 유라시아 화물철도는 13일이면 유럽에 다다른다. 동부 연안 도시들의 선박 물류보다 두 배 빠르다. 비용도 20퍼센트 낮다." 탕지창湯繼强 가오 신구高新區 대변인은 청두는 신형 물류도시라고 강조했다. "청두의 유럽 접근도는 중국의 다른 도시는 물론 미국 서부나 호주보다 높다"고 말한다. 중국의 지도를 시계방향으로 90도 돌려놓고 보면 쉽게 확인할 수 있다.

중국은 쿤밍과 싱가포르를 잇는 고속철도 건설을 추진중이다. 동남아 공략을 위한 전략이다. 임성환 청두무역관장은 "중국의 동남아 공략을 위한 베이스캠프는 산업이 약한 쿤밍보다 청두가 될 것"이라고 예측했다. 청두의 발전 요소는 그만큼 다양하다.

청두는 IT인력이 풍부한 중국판 실리콘밸리다. 애플 앱스토어 판매액 상위 52개 앱에 2개의 중국 기업이 포함됐다. 두 곳 모두 청두 소재 업체다. 한국의 현대상선은 다큐멘테이션 센터를 가오 신구에 설립했다. 현지인 100여 명을 고용해 연간 선하증권 48만 건을 처리한다.

## 뉴스위크가 선정한 최고의 식당 '위자추팡'

'추억의 절반은 맛이다'라는 유명 셰프의 에세이 제목처럼 여행에서 먹을거리는 중요하다. 청두는 미식의 도시다. 2012년 8월 미국 뉴스위크는 세계 최고급 셰프 53명의 추천을 받아 최고의 식당 101곳을 선정했다. 아시아·태평양 지역에서는 29개 식당이 포함됐다. 중화권에서는 홍콩 네 곳, 타이완 한 곳, 중국 대륙 한 곳이 선정 됐다. 한국 식당은 아쉽게도 한 곳도 없었다. 뉴스위크가 선택한 유일한 본토 식당은 2011년 8월 바이든 미국 부통령이 방문한 청 두의 위자추팡喩家廚房(위씨의 주방)이다. 당시 바이든은 베이징에서 자장면 다섯 그릇, 만두 열 개, 오이무침, 고구마탕, 감자채와 콜 라까지 한 상에 총 79위안(약 1만 4000원)에 불과한 '부통령세트'를 유행시키기도 했다.

위자추팡은 전통을 현대적으로 재해석한 상점이 밀집한 삼청 동 스타일의 전통거리 콴자이샹쯔寬窄巷子에 있는, 방 일곱 개에 불 과한 작은 식당이다. 메뉴판이 없고 개별 메뉴도 팔지 않는다. 사 흘 전에 예약하면 최적의 추천 요리가 준비된다. 사장 겸 주방장 인 위보喩波는 쓰촨성 정부가 1981년 특급요리사로 인정한 쓰촨요 리의 달인 쩡치창曾其昶의 수제자다. 요리경력 33년인 위보의 호 는 '차이츠菜癡'. 백치 요리사란 뜻이다. 그에게는 '오호상장五虎上將' 이라는 별명도 있다. 전국요리대회의 한 심사위원이 지어주었다. '맵고辣乎乎, 떫고麻乎乎, 기름지고油乎乎, 거무죽죽하고黑乎乎, 대충 한 듯이馬馬虎虎' 쓰촨요리를 재창조했다는 칭찬이다.

그의 요리철학은 전통의 창조와 재해석이다. 위자추팡의 시 그니처 요리는 '량펀사오바오위凉粉燒鮑魚'다. 흔한 녹두묵과 귀한 전복을 쓰촨식 양념에 볶아 만든다. 식재료의 '왕과 거지'를 조화시 킨 요리다. 그의 요리와 인생철학이 담겨 있다는 평가를 받는다.

직접 방문해보니 마방진을 연상시키는 16가지 냉채(애피타이저)로 시작된 만찬은 붓 모양의 튀김요리 마오비쑤毛筆酥로 이어진다. 송이자라탕松龍甲魚湯, 토끼계란찜兎肉蒸蛋, 잠두악어탕蠶豆鰐魚 등 열댓 가지 산해진미가 나오고, 가격은 1인당 300위안(약 5만 4000원) 정도다. 단 4인 이하는 800위안, 4~8인은 600위안을 받는다. 바이든을 수행했던 게리 로크(중국명 뤄자후이駱家輝) 주중대사는 위자추팡을 나서며 이렇게 말했다. "쓰촨의 사람, 쓰촨의 먹을거리가 좋다"

# 실크로드의 무대에서
# **뉴프런티어로**

신장에 오지 않으면 훌륭한 한족이 아니다.

우루무치는 '아름다운 목장'이라는 뜻의 몽골어다. 지구상에서 바다와 가장 멀리 떨어진 도시이자, 중국의 '뉴프런티어'인 신장新疆의 중심도시다. 신장, 서역西域이라는 이름 대신 세계 학계는 '중국령 투르키스탄'을 객관적인 명칭으로 여긴다. 유라시아의 허브도시 우루무치의 어제와 오늘을 살폈다.

## 중앙으로부터 이탈을 꿈꾸는 실크로드의 무대

신장위구르자치구는 넓다. 약 166만 제곱킬로미터, 중국 국토면적의 6분의 1이다. 전 세계 행정구역 중 가장 넓다. 남북을 합친 한반도 면적 22만 제곱킬로미터의 7.5배이자 영국, 스페인, 프랑

257

스, 독일 4개국을 합친 규모다. 신장은 유라시아 대륙의 축이자 교차로다. 타림, 투루판吐魯番, 준가얼 분지와 타클라마칸사막을 품고, 쿤룬昆侖, 톈산天山, 알타이 산맥이 가로지른다. 신장은 변경이다. 동북으로는 몽골, 북으로 러시아, 서북으로 카자흐스탄, 서로 키르기스스탄, 타지키스탄, 아프가니스탄, 서남으로 파키스탄, 남으로 인도까지 8개국과 국경을 접한다. 국경선 길이는 총 5600킬로미터다. 신장은 인구가 적다. 1949년 433만 3400명, 2011년 말 기준으로 2209만 명이다. 중국 총인구 13억 5000만 명의 1.63퍼센트에 불과하다.

신장은 실크로드의 무대다. 중국의 비단뿐 아니라 로마의 유리, 인도의 불교가 이곳을 오갔다. 오늘날로 친다면 다국적 기업과 에르메스와 루이뷔통 같은 고가품이 넘나들던 물류 네트워크였다. 신장에 살았던 원주민은 상품과 종교, 문화의 전달자이자 수용자였고, 창조자였다. 실크로드라는 안경을 쓰고 이 지역을 보는 '실크로드 사관'은 위험하다. 실크가 서구의 상품을 가린다. 길이 인간을 가린다. 주객이 흔들린다.

오늘날 신장의 중심이 우루무치다. 18세기 청나라 건륭제가 중가르 부족을 정벌하면서 본격 개척했다. '이민족을 바르게 이끌고 교화하겠다啓迪教化'는 뜻을 담아 '적화迪化'라 이름 붙였다. 하지만 신장의 중심은 여전히 서쪽 카자흐스탄과 국경을 맞댄 이리伊犁와 톈산 남쪽 투루판이었다. 광서 10년(1884) 좌종당이 야쿠브베그의 반란을 평정한 뒤 내지의 행정제도를 이식했다. 신장성新疆省

이 탄생했다. 이때부터 이리 대신 적화가 성회省會(성의 수도)가 됐다. 신해혁명으로 청나라가 망했다. 중앙아시아에서 펼쳐지던 '그레이트 게임'이 격화됐다. 소련과 영국의 패권 다툼이었다.

신장은 원심력이 강하다. 중국으로부터 이탈을 꿈꿨다. 1933년과 1944년 동투르키스탄 공화국이 두 차례 수립됐다. 오래가지는 못했다. 1949년 9월 왕전王震이 이끄는 인민해방군이 신장에 진입했고 12월 적화시 인민정부가 수립됐다. 1954년 2월 대한족주의大漢族主義를 파기한다는 의미에서 적화가 우루무치로 회복됐다. 반항은 잠복했다. 위구르인들은 1989년 5월과 2009년 7월 우루무치에서 대규모 유혈시위를 일으켰다.

## 철의 조직, 신장생산건설병단

쑨원은 "국내 각 민족은 일률적으로 평등하다" "민족의 자결권을 인정한다"고 여러 차례 말했다. 1945년 마오쩌둥도 일본 패망 후 '연합정부'에 참가하는 정치세력 중 소수민족에게는 쑨원의 민족주의를 계승할 것임을 약속했다. 신장의 이슬람교도는 이 말을 믿었다.

스탈린은 신장을 몽골처럼 인민공화국으로 독립시키자고 마오에게 제안했다. 중국군의 진출을 저지하고 싶었다. 마오가 거부했다. 1950년 2월 '중소 우호동맹 상호원조 조약'이 조인됐다. 소련은 신장에서 중국의 주권을 승인했다. 주권의 대가는 비쌌다. 소련은 중국으로부터 석유, 천연가스, 비철금속, 우라늄의 공동개발과 이용권을 얻어냈다. 평등이 명기됐지만 소련에 일방적으로 유리한 조약이었다.

소련으로부터 신장을 지켜낸 마오쩌둥은 1954년 변방의 방위와 개간을 목적으로 '신장생산건설병단新疆生産建設兵團'을 창설했다. 신장에 진주한 20만 병력의 식량 확보가 쉽지 않았다. 마오쩌둥은 '생산자급, 자력갱생' 구호를 발동했다. 왕전 신장사령관은 항일전쟁 당시 팔로군사령부가 있던 옌안 인근 난니완南泥灣에서 마오의 명령에 따라 부대를 지휘해 황무지를 개간했던 경험을 갖고 있었다. 마오쩌둥은 전투, 정치, 생산을 군의 3대 임무로 규정했다. 마오쩌둥의 군대는 단순히 적과 싸우는 군대가 아니었다. 정치활동으로 대중의 지지를 획득해 기반을 공고히 하고, 생산활동을 펼쳐 부대와 지역주민의 경제적 곤란을 해결하는 방식으로 세력을 넓혔다.

마오쩌둥 군사사상의 정수인 '생산자급, 자력갱생'을 모토로 톈산산맥 남북에 10개의 농업사단이 조직됐다. 20만 병력은 신장에 27개의 농장을 개간했다. 식량 1억 킬로그램, 면화 334만 5000킬로그램, 가축 49만 두를 생산했다. 이와 동시에 개간, 농업, 생활에 필요한 철공, 목공, 방직, 제지 등 61개 기업을 세웠다. 생산건설병단의 주력은 국민당 패잔병이었다. 사실상 준죄수로 노동력 징발이 용이했다. 이들의 노력으로 신장의 경작지가 크게 증가했다.

1950년대부터 1970년대 중반까지 병단은 수십만 명의 한족 이주민을 추가로 흡수했다. 정치범들과 죄수들이 포함됐다. 생산건설병단은 신장 지방정부의 관리 감독을 받지 않았다. 공산당 중앙과 국무원(중앙정부)에만 책임졌다. 고도로 정치화된 철의 조직이다. 지금도 신장위구르자치구 장춘셴張春賢 당서기는 신장생산건설병단의 제1서기 겸 제1정치위원을 겸임한다.

1962년 란저우蘭州와 우루무치를 연결하는 신장철도가 뚫렸다. 상하이에서 대규모 한족 이주민들이 기차를 타고 신장을 향했다. 대약진운동으로 기근이 들었던 1959~1961년, 문화대혁명 기간인 1965~1967년 한족의 이주가 급증했다. 생산건설병단의 본부는 우루무치에서 서북쪽으로 136킬로미터 떨어진 스허쯔石河子에 있다. 현재 14개 사단, 174개의 농목장, 4391개의 기업, 245만여 명을 지휘하는 거대 조직으로 성장했다.

## 바다에서 가장 먼 도시, 문을 활짝 열다

1991년 소련이 해체됐다. 중국은 당황했다. 중국공산당이 소련공산당의 전철을 밟지 않아야 했다. 수많은 이론가가 달라붙었다. 20년이 걸려서야 분석 작업이 끝났다. 소련의 해체로 중국의 거대한 경쟁자가 사라졌다. 신장으로서는 기회였다. 신장이 도약할 호기였다. 중국에 「공작이 동남으로 날아가다孔雀東南飛」라는 서사시가 전한다. 시의 첫 구절이 제목이 됐다. 개혁개방 이래 동남 연해로 인재들이 몰려가는 세태를 묘사한 용어로 쓰였다. 소련 해체 후 중국의 더 영리한 공작새는 서부로 간다. '공작서부비孔雀西部飛'의 형세다. 마오의 말을 패러디한 "신장에 오지 않으면 훌륭한 한족이 아니다不到新疆不好漢"라는 말도 나왔다. 1990년대 신장에 어떤 일이 벌어졌기에 공작새가 신장으로 향했을까?

1990년부터 2000년까지 10년간 신장의 한족 인구가 32퍼센트 늘어 749만 명에 이르렀다. 우루무치에서는 한족이 차지하는 비율이 75퍼센트를 넘는다. 도심의 전통시장인 바자는 쇼핑센터와 주상복합 아파트로 변신했다. 생산건설병단이 폭발적으로 성장했다. 현재 세계 토마토케첩 원료의 4분의 1을 병단이 생산한다.

국경 넘어 이슬람교를 믿는 '~스탄' 공화국이 우후죽순처럼 독립했다. 많은 위구르인들은 '위구리스탄' 건국을 주장했다. 중국은 영리했다. 중소 긴장이 초래했던 신장의 경제적 곤경을 해결하는 방식으로 대응했다. 돈으로 독립을 회유했다. 신장을 닫지 않고 활짝 열었다. 유라시아 다른 지역, 중국 내 다른 지역과 개방하고 통합했다. 우루무치 디워푸地窩鋪공항을 증설했다. 세 개의 터미널을 갖추었다. 신장 북부와 카자흐스탄 알마티를 연결하는 트럭노선, 신장의 서남부와 파키스탄을 잇는 카라코람 고속도로, 카슈가르와 키르기스스탄의 비슈케크를 잇는 토루가르트 고개를 뚫었다. 소련이 공급할 수 없었던 소비재를 중앙아시아에 무차별 투하했다. 바다에서 가장 먼 도시 우루무치를 '변경 대외 개방 도시'

로 선포했다. 1991년 5개 기업이 참여했던 국경무역이 1996년 300개로 늘었다. 신장에 외국인 투자는 없다. 국가 주도의 대외무역이 전개됐다.

보따리 상인도 개방을 주도했다. 위구르인은 장사의 귀재들이다. 그들이 해외나 중국의 동부 연안으로 떠났다. 파키스탄인, 러시아인, 중앙아시아인 들은 교역을 위해 신장으로 들어왔다. '세계의 공장' 중국에서 생산된 상품이 중앙아시아를 파고들었다. 위구르인은 중국 내지로 나가 양꼬치를 팔았다. 대규모 위구르 중산층이 탄생했다.

중국은 동시에 1992년 서북개발 프로그램, 2000년 서부대개발을 시작했다. '일흑일백一黑一白' 전략으로 신장을 개발했다. 신장 경제의 양대 기둥은 면화와 석유다. 백白은 면화다. 신장은 1980년대 이미 곡물 자급자족을 이루었다. 환금작물인 면화 재배에 많은 토지를 투여했다. 1978년 5만 5000톤이던 면화생산량이 2005년 175만 톤으로 급증했다. 40퍼센트는 병단의 농장에서 재배한다. 흑黑은 석유다. 석유도시 카라마이는 우루무치에서 서북쪽으로 약 300킬로미터 거리에 위치한다. 카라마이는 위구르어로 '검은 기름'이란 뜻이다. 2011년 말 기준으로 카라마이시의 1인당 국민총생산GNP은 2만 달러다. 신장 내 1위일 뿐 아니라 중국 주요 도시 중 3위다.

## 국민에서 민족집단으로 격하된 위구르인

정치 안정도 돌파구를 찾았다. 역설이지만 9·11 테러 덕이다. 2002년 8월 베이징 미국대사관에서 국무부 대변인이 기자회견을 가졌다. 미국이 '동투르키스탄 이슬람 운동ETIM'을 알카에다와 연결된 국제 테러리스트 조직으로 지정했다고 공표했다. 테러와의 전쟁에 중국이 협조한 대가로 미국이 준 선물이었다.

　　민족문제도 해법을 찾아갔다. 13억 중국인의 신분증에는 민족이란 항목이 있다. 2000년 초 민족의 기존 번역어인 'Nationality'를 'Ethnic'으로 바꿨다. 중국 국가민족사무위원회는 'State Nationalities Affairs Commission'에서 'State Ethnic Affairs Commission'으로 변경됐다. 스탈린식 민족정책인 다국적국가 Multi-national state에서 벗어나 미국식의 다민족국가Multi-ethnic state로 변신했다. 위구르인을 '국민' 지위에서 민족집단으로 격하했다.

　　우루무치에서는 천지天池를 볼 수 있다. 우리에게 익숙한 백두산 천지가 아니다. 주나라 목왕과 서왕모西王母가 로맨스를 나누었다는 톈산 톈츠호天池다. 우루무치 동쪽으로 110킬로미터 떨어진 곳에 몽골어로 '성스러운 산'을 뜻하는 보그다이산이 있고 이 산 중턱 해발 1911미터에 톈츠호가 있다. 원래 이름은 요지瑤池였으나 청나라 건륭제가 1783년 톈츠호로 바꿨다. 목왕과 서왕모의 로맨스는 중국에서 가장 오래된 역사소설로 평가받는 『목천자전穆天子傳』에 나온다.

신장을 다룬 르포 서적은 다양하다. 미국 국영라디오의 베이징 특파원 출신 랍 기퍼드의 『차이나 로드』, 작가 공원국의 『여행하는 인문학자』는 일반인에게도 쉽게 읽힌다. 티베트와 신장에 천착해온 중국의 문제작가 왕리슝王力雄의 『나의 서역, 너의 동투르키스탄我的西域. 你的東土』은 2007년 타이완에서 출판됐다. 아직 한국어 번역본은 없다. 신장의 권위자 제임스 A. 밀워드가 지은 『신장의 역사—유라시아의 교차로』는 최근 번역본이 출판됐다. 신장의 개설서로 손색이 없는 명저다.

중원과 초원을 저울질한
# 신들의 도시

중국에는 이런 말이 전한다.
"라싸를 떠난 이들은 모두 스스로 라싸로 다시 돌아갈 날이 올 것을 알고 있다."

중국의 수도 베이징에서 직선거리 2578킬로미터, '하늘 열차'로 불리는 칭짱青藏철도로는 4064킬로미터. 세계의 지붕으로 불리는 티베트의 심장 라싸拉薩와 베이징 간의 거리다. 직선거리로 라싸는 영국 동인도회사의 본거지였던 콜카타(캘커타)에서 853킬로미터, 인도의 수도 뉴델리에서는 1360킬로미터 떨어져 있다. 세계의 정신적 수도였던 신들의 도시 라싸를 소개한다.


## 쉼 없는 쟁탈전과 봉기의 역사


'티베트, 몽골리아, 만주리아'. 1851년 출판된 청나라의 영토를 그린 영국지도의 제목이다. 지도 아래에는 라다크 지역 레Leh의 왕궁, 만리장성, 라싸 포탈라궁이 그려져 있다. 중화제국을 둘러싼 거대한 이 지역의 정신세계는 라마교, 즉 티베트 불교가 지배했다. 라싸는 그 중심이다. 티베트는 중국이 강조하는 핵심이익 지역이다. 행정상 시짱자치구西藏自治區다. 반자치가 보장된다. 하지만 티베트인들의 영적 지도자 달라이 라마 14세는 그곳에 없다. 그는 1959년 라싸를 떠났다.

라싸와 베이징은 지리적 거리만큼 심리적 거리도 멀다. 과거에도 그랬다. 라싸의 역사는 곧 티베트의 역사였다. 중원과의 교류는 당나라 때 시작됐다. 당시 티베트는 토번吐蕃의 땅이었다. 시조는 송첸캄포다. 해발 3700미터에 위치한 라싸를 수도로 삼고 포탈라궁을 처음 지었다. 인도에서 불교와 문자를 받아들였다. 토번은 강했다. 당 태종이 딸 문성공주를 시집보낼 정도였다. 토번을 부마국으로 삼아 회유해야만 했다. 중원이 티베트에 밀렸다.

당나라 이후 티베트는 중원 대신 유목세계와 거래했다. 칭기즈 칸의 손자 쿠빌라이 칸은 티베트 불교의 수장 팍빠를 스승으로 모셨다. 종교와 정치가 손잡았다. 결합은 오랫동안 이어졌다. 15세기 말, 초원의 실력자로 등장한 다얀 칸이 알타이 산맥 동쪽의 몽골 초원을 통일했다. 그의 손자 알탄 칸은 현재의 네이멍구內蒙古자치구 구도인 후허하오터呼和浩特에 근거지를 세우고 명나라의 베이징을 위협했다. 티베트 세계에서는 지금의 칭하이靑海성에서 활동하던 총카파가 신흥 개혁교파인 겔룩파(노란 모자를 쓴 승려집단이라해서 황모파黃帽派로 불렸다)를 창시해 세력이 급성장했다.

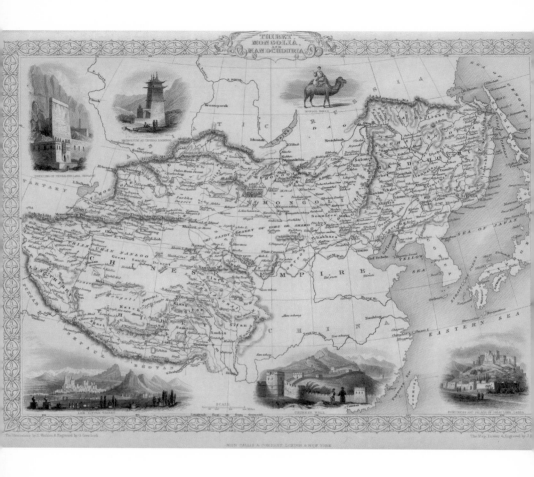

THIBET
MONGOLIA,
AND
MANDCHURIA.

The Illustrations by H. Warren & Engraved by G. Greatbach.

The Map Drawn & Engraved by J.R.

JOHN TALLIS & COMPANY, LONDON & NEW YORK.

1578년 알탄 칸은 겔룩파의 지도자 소남 갸초를 만났다. 쿠빌라이 칸과 팍빠의 만남과 비슷했다. 알탄 칸은 소남 갸초에게 바다 같은 지혜를 가진 스승이란 뜻의 '달라이 라마'라는 칭호를 부여했다. 소남 갸초는 알탄 칸을 전륜성왕轉輪聖王으로 인정했다. 불교에서 세계를 통일하고 지배하는 이상적인 제왕을 일컫는 말이다. 종교지도자와 세속의 군주가 치유과 무력을 거래했다. 이 만남을 계기로 티베트 불교는 몽골 세계로 빠르게 침투했다. 몽골제국의 수도 카라코룸을 비롯해 곳곳에 티베트 불교 사원이 세워졌다.

1630년대 티베트에서는 교파 간 다툼이 격화됐다. 몽골 부족이 해결사로 나섰다. 그들은 역대 최고의 달라이 라마로 불리는 5대 달라이 라마에게 티베트의 지배권을 헌상했다. 그는 포탈라궁을 웅장하게 다시 지었다. 1670년대 후반 텐산산맥 북쪽의 초원지대에 '최후의 유목제국'인 중가르를 세운 갈단이 등장했다. 중가르와 신흥제국 청나라는 5대 달라이 라마 입적 이후 힘의 공백이 생긴 티베트를 두고 다투었다. 몽골과 만주족의 티베트 쟁탈전이다. 1720년 청나라의 강희제가 승리했다. 그는 새로운 달라이 라마를 호위하며 라싸에 입성했다. 청나라는 주장대신駐藏大臣과 소수의 군대를 이곳에 상주시켰다. 티베트─몽골─만주가 통합됐다. 한족의 중국은 이민족 세력에 둘러싸였다.

서양도 티베트 쟁탈전에 뛰어들었다. 18세기 말 일찍이 인도 지배체제를 구축한 영국은 19세기 중엽 네팔과 부탄을 넘봤다. 목표는 티베트였다. 1888년 영국이 티베트를 공격했다. 청나라는 영국에 티베트에서의 배타적 특권을 양보하는 대가로 명목상의 주권을 지켰다. 쇠락하던 청조는 강공으로 나왔다. 1906년 장음당張蔭棠을 새 주장대신으로 파견했다. 티베트 왕(제후)의 지위를 되살리고, 한인漢人 감독을 처음으로 파견했다. 종교지도자인 달라이 라마와 판첸 라마의 통치권은 박탈당했다. 티베트는 저항했다.

당시 티베트 지배층은 친청, 친영, 친러파로 분열됐다. 1904년 영국군이 라싸를 공격했다. 달라이 라마 13세는 러시아의 사주를 받은 몽골 군대의 도움을 받아 울란바토르로 몸을 피했다. 1908년 달라이 라마는 베이징으로 갔다. 그리고 이듬해 영국과 협상에 성공해 라싸로 돌아왔다. 청나라는 동부 연안에서 서양에 밀렸지만 쓰촨 지역의 군대를 1910년 라싸로 재차 파병했다. 달라이 라마는 영국의 보호를 받으며 인도로 물러났다. 이 장면은 1959년 달라이 라마 14세 때 재현됐다.

1911년 신해혁명으로 황제지배체제가 무너졌다. 각 성은 독립 열풍에 휩싸였다. 쓰촨 출신 티베트 주둔군도 분열했다. 인도에 머물던 달라이 라마 13세는 인도총독의 지원 아래 1912년 4월 측근 세력을 라싸에 파견했다. 한인 관료와 중국군을 축출했다. 6월에는 라싸로 귀환한 뒤 독립을 선포했다. 이후 티베트는 영국과 중화민국 사이에서 소강상태를 맞았다. 1913년 10월 인도에서 중국, 영국, 티베트 대표가 회담을 가졌다. 영국은 티베트를 몽골처럼 내외 두 부분으로 나누어 외티베트를 지배하려는 야심을 드러냈다. 중국이 이를 거부해 회담은 결렬됐다. 영국은 맥마흔 라인을 일방적으로 선포하고 외티베트에 대한 실력행사에 나섰다. 맥마흔 라인은 이후 중국과 인도 사이에 국경분쟁이 벌어지는 단초가 됐다. 1940년 다섯 살이던 지금의 달라이 라마 14세가 즉위했다.

1950년 10월 전 세계가 한국전쟁에 주목하고 있을 때 마오쩌둥은 티베트에 군대를 진격시켰다. 한족이 처음으로 티베트를 무력 지배하기 시작했다. 11월 지금의 티베트 동쪽 일대에 시캉성西康省 장족자치구를 세웠다. 1959년 티베트는 독립을 요구했으나 중국은 군화로 답했다. 봉기는 진압됐고, 달라이 라마 14세는 히말라야 산맥을 넘었다. 인도에 망명정부가 세워졌고 독립운동은 지금까지 계속되고 있다.

1989년 초 티베트의 또다른 영적 지도자 판첸 라마가 사망했다. 3월에는 1959년 봉기 30주년 소요가 일어났다. 후진타오 전 국가주석이 당시 티베트의 일인자였다. 최일선에서 헬멧을 쓰고 진압을 지휘했다. 후진타오 집권 2기가 시작된 2008년 3월 티베트는 다시 봉기했다. 이번에도 실패였다. 서구 통신사는 지금도 티베트 승려의 분신 소식을 전한다. 라싸는 고대 티베트어로 '신들의 도시'라는 뜻이다. 라싸의 신들은 티베트의 역사를 묵묵히 지켜보았다.

## 포탈라궁과 성산 카일라스 순례

브래드 피트가 주연한 영화 〈티베트에서의 7년〉은 알싸하다. 조

국을 잃은 반골의 오스트리아 등반가가 달라이 라마를 만나 인생관이 바뀐다. 라싸의 랜드마크 포탈라궁이 배경으로 등장한다. 포탈라는 관음보살이 사는 곳을 뜻하는 산스크리트어에서 나왔다. 라싸시 홍산紅山 기슭에 송첸캄포가 처음 지었다. 13층 117미터 높이다. 세계에서 가장 높은 도시에 위치한 가장 큰 단일 건축물에 속한다. 포탈라궁은 종교적 공간인 홍궁과 정치적 공간인 백궁으로 나뉜다. 외벽을 붉은색과 흰색으로 칠해 구분한 것이다. 2000개의 방이 있다고 전해지지만, 달라이 라마 14세마저 자서전에서 몇 개의 방이 있는지 알지 못한다고 토로했다. 포탈라궁은 성과 속을 장악했던 달라이 라마 권위의 구현물이다.

외국인이 라싸를 방문하기 위해선 중국 비자를 받은 뒤 티베트 여유국에서 여행허가서를 별도로 받아야 한다. 보통 3주가 걸린다. 5월부터 10월까지 포탈라궁 입장료는 3만 6000원으로 비수기보다 두 배 비싸다. 하루 전에 예매해야만 입장할 수 있다. 궁 안에서는 모자를 쓰거나 사진을 촬영할 수 없으며, 한 시간 안에 관람을 마쳐야 한다.

2013년 3월 28일 오전 10시 포탈라궁 앞 광장에 3000여 명이 모였다. 오성홍기가 게양되면서 이른바 시짱 100만 농노 해방 54주년 기념식이 열렸다. 공산당 기관지 런민일보는 다음날 4면에 이를 크게 보도했다. 중국에는 이런 말이 전한다. "라싸에 못 가본 이들은 모두 언젠가 포탈라궁 앞에 서게 될 날이 오리라 깊이 믿는다. 라싸를 떠난 이들은 모두 스스로 라싸로 다시 돌아갈 날이 올 것을 알고 있다."

　라싸의 조캉사원은 티베트 불교도에게 오체투지로 순례해야
하는 성지다. 하지만 티베트 최고의 성지는 라싸에서 1300킬로미
터 떨어진 곳에 있다. 성산聖山 카일라스(6714미터)다. 불교, 힌두
교, 뵌교(티베트 토착신앙), 자이나교 등 4개 종교가 성산으로 여긴
다. 불자들은 이 산이 불경에서 세상의 중심이라고 말하는 수미산
須彌山이라고 믿는다. 수미산의 정상은 마치 피라미드와 같이 정육
면체로 되어 있는데 카일라스산이 바로 그 모습이다. 한국의 사찰
들은 수미산의 배치를 따랐다.

　힌두교도는 파괴와 창조의 신인 시바신이 카일라스에 산다고
믿는다. 카일라스는 갠지스, 인더스, 수틀레지, 브라마푸트라 등
아시아 4대 강의 발원지다. 티베트어로는 '캉린보체'다. '눈雪의 보
석'이라는 뜻이다. 카일라스는 등정이 허락되지 않는다. 신의 산으
로 여기기 때문이다. 등정 대신 카일라스를 한 바퀴 도는 순례를 하
는데 이를 '코라'라고 한다. 한 번의 코라는 생의 업業.Karma을 소멸
시킨다. 많은 순례자들이 13번의 코라를 한다. 말띠해午年에는 한
번의 코라가 12번의 공력을 얻는다고 한다. 53킬로미터, 2박 3일
여정이다. 최근 코라를 떠나는 한국인들이 많다. 여름마다 라싸와
카일라스를 순례한 뒤 신장이나 네팔로 나오는 18~19일 여행상품
이 번번이 매진이다. 모두 인생의 깨달음을 꿈꾸는 이들이다.

쿤밍

# 오색구름이 머무는
# 해발 1900미터의 춘성

고산준령을 넘던 중 형용할 수 없이 아름다운 구름을 보았다.
붉은빛 속에 녹색이, 녹색 속에 보랏빛이, 황색이,
다시 붉은색이, 흰색이 피어나는 채운彩雲이었다.
_「사기」

'가장 논란이 많은 당서기' '공무원 킬러'. 2007년부터 2011년까지
중국 쿤밍昆明시 당서기를 맡아 개혁의 철완鐵腕을 휘두른 추허仇和
현 윈난성 부서기에게 붙는 수식어다. 온갖 파격인사와 급진정책
을 펼쳐왔기에 붙여진 별명이다. 한 예로 쿤밍시 서기 취임 두 달
뒤 간부회의장에서 그는 쿤밍시 각 구청장, 부서장, 팀장의 이름
과 직통 번호를 신문에 게재하도록 지시했다. 시민대중을 직접 감
독해 책임행정을 이루겠다는 조치였다.

　　2011년 8월에는 휘하의 공무원들에게 '외국어 지침'을 내렸
다. 전 공무원에게 5개국 외국어와 컴퓨터, 표준어 숙달을 요구했
다. 이를 평가해 승진과 인사고과에 반영하겠다고 덧붙였다. 공무
원들은 비명을 질렀다. 복지부동형 관리가 대부분인 중국에서 추
허는 독특한 캐릭터의 정치가다. 추허는 쿤밍시 서기직은 후임자

쿤밍

277

에게 넘겼지만 여전히 윈난성의 이인자다. 구름의 남쪽, 대륙의 변경에 위치한 윈난성은 추허의 기치 아래 천지개벽중이다. 쿤밍의 진면목을 찾아 떠나보자.


## 햇살과 채운의 도시… 몽골 때 제국에 편입

쿤밍은 태양의 도시다. 연평균 일조량이 2327.5시간에 달한다. 서울보다 약 300시간이 더 많다. 중국인들은 햇볕을 쬘 때 '사이曬(쬘 쇄)'라고 말한다. 쿤밍 사람들은 다르다. '고기를 굽다'라는 의미의 동사 카오烤를 써 '카오타이양烤太陽'이라고 한다. 마치 화롯불을 쬐듯 태양을 쬔다.

쿤밍은 고원의 도시이기도 하다. 해발고도가 1900미터다. 해발고도는 역으로 기온을 낮춰준다. 쿤밍은 1년 중 가장 추운 1월 평균기온이 9.3도, 가장 더운 7월에도 22.2도에 불과하다. 연평균 기온은 15.6도다. 여름이 없는 셈이다. 그러기에 쿤밍은 사시사철 봄의 도시 '춘성春城'으로 불린다.

쿤밍의 구름은 많은 이야깃거리를 전해준다. 춘추전국시대 초나라 장왕莊王의 자손 장교莊蹻는 왕의 명령을 받들어 지금의 쓰촨과 구이저우 공략에 나섰다. 그런데 장교는 돌연 전쟁에 염증을 느꼈다. 마침 자신의 말을 끄는 몸종의 할아버지가 그를 찾아와 오색구름 속 이상향을 알려주었다. 솔깃한 장교는 부대를 이끌고 남으로 향했다. 어느 날 고산준령을 넘던 중 형용할 수 없이 아름다운 구름을 보았다. 붉은빛 속에 녹색이, 녹색 속에 보랏빛이, 황색이, 다시 붉은색이, 흰색이 피어나는 채운彩雲이었다. 구름 아래로 홀연 푸른 산과 물로 둘러싸인 금색의 성문이 나타났다. 화원花園과 같은 성안에 사는 순진무구한 주민들이 이들을 반겼다. 장교는 이곳에 안주해 스스로 전국滇國의 왕이 됐으니, 그곳이 바로 지금의 쿤밍이다. 『사기』 「서남이전西南夷傳」에 나오는 장교의 이야기를 기반으로 쿤밍에 전해오는 구름의 전설이다.

한 무제 시기 장건張騫은 실크로드를 개척했다. 그가 지금의 아프가니스탄과 인도 지방에 도착해보니 이곳 사람들은 이미 남방 실크로드를 통해 '서남이西南夷(지금의 윈난성 지역)'와 물자를 교역하고 있었다. 이 길이 차마고도茶馬古道. 장건의 보고를 들은 한 무제는 욕심이 발동했다. 오색구름이 머무르는 '채운남현彩雲南現'의 꿈을 꿀 지경이었다.

기원전 109년 한 무제의 군대는 쿤밍을 점령해 전지滇池현을 설치했다. 구름을 품은 것이다. 훗날 제갈량이 맹획孟獲을 잡은 칠종칠금七縱七擒의 무대가 바로 쿤밍 일대다. 당대唐代에는 남조南詔, 송대에는 대리국大理國이 이곳을 다스렸다. 몽골제국의 쿠빌라이 칸이 송나라를 치기 위해 대륙을 우회해 대리국을 정복한 뒤 운남 행성을 설치했다. 쿤밍은 이때 비로소 중화제국에 편입됐다.

쿤밍은 외지다. 대륙의 서남부 고원지대에 숨어 있다. 굳게

닫힌 폐쇄적인 도시처럼 보인다. 하지만 실상은 다르다. 쿤밍은 대륙의 서남문西南門이다. 차마고도는 그 시작이었다.

쿤밍은 중원과 세 개의 길로 통했다. 하나는 촨뎬대도川滇大道다. 쿤밍에서 이빈宜賓을 거쳐 쓰촨성 청두에 이르는, 도보로 22일이 걸리던 교통로다. 다음은 뎬쳰대도滇黔大道다. 쿤밍에서 구이저우성 구이양貴陽으로 통하는 20일 여정의 행로다. 또다른 길은 뎬구이대도滇桂大道로 광시성 구이린까지 24일이 걸리는 루트다.

1882년 베트남을 점령한 프랑스는 구리 등 쿤밍 일대의 자원에 눈독을 들였다. 프랑스는 1910년 하노이로부터 쿤밍을 연결하는 국제철도를 뚫었다. 이것이 중국 최초의 국제철도인 뎬웨滇越선이다. 당시 청나라 마지막 과거시험에서 장원급제한 윈난 출신 원가곡袁嘉谷이란 관리가 있었다. 그가 1910년 10월 고향으로 돌아갈 때, 베이징에서 기차를 타고 상하이로 내려와 배를 이용해 홍콩을 거쳐 하노이에 도착했다. 이어 뎬웨철도를 타고 쿤밍에 도착했다. 보름이 채 안 걸리는 여정이었다. 수년 전 과거시험을 보기 위해 베이징으로 갈 때 두 달이 걸리던 여정이 4분의 1로 줄어든 것이다.

항일전쟁이 본격화되고 국민당정부가 충칭으로 퇴각하면서 윈난성 쿤밍은 대외창구로 변했다. 쿤밍의 비행장은 버마(지금의 미얀마), 홍콩, 인도와 충칭을 연결하는 허브공항이 됐다. 당시 중국에서 가장 물동량이 많은 공항이었다.

## 중국 최고 명문대였던 서남연합대학

대일본 항전 시기 쿤밍은 중국의 대후방에서 돌연 최전선이 됐다. 파죽지세의 일본군은 베트남 하노이와 버마를 점령한 뒤 쿤밍을 옥죄었다. 풍전등화 신세였다. 60여만 명의 군대가 쿤밍에서 항전을 이어갔다. 암울했던 전쟁기간 동안 쿤밍은 역설적으로 중국인들의 정신적 수도가 됐다. 쿤밍은 시인의 도시, 과학의 도시, 문화의 도시로 탈바꿈했다.

국립서남연합대학(약칭 서남연대西南聯大) 때문이다. 서남연대는 1937년 11월 창사에서 시작됐다. 쿤밍에서는 1938년 5월부터 1946년 5월까지 학생들과 교수들이 학문의 열정을 불태웠다. 중국 역사상 최고의 명문대학이다. 베이징대, 칭화대, 난카이南開대 등 3대 명문대학이 쿤밍의 서남연대로 뭉쳤다. 많은 학생들이 청나라 말의 관리 원가곡처럼 쿤밍~하노이 국제열차를 타고 들어왔다. 교훈은 '강의견탁剛毅堅卓'. 강직하고, 의지력이 굳세며, 입장·신념·태도가 결연하고, 재능과 지식이 탁월하다는 뜻이다. 이 교훈은 서남연대의 캠퍼스를 이어받은 윈난사범대학에 지금까지 이어지고 있다.

캠퍼스 동북쪽에는 승전 후 쿤밍을 떠나면서 세운 '국립서남연합대학기념비'가 지금도 남아 있다. 철학가 펑유란馮友蘭이 글을 쓰고 시인 원이둬聞一多가 비문을 새겼다. 펑유란은 "역사상 진晉, 송, 명이 중원을 지키지 못하고 창장강을 남으로 건넜다"며 "우리

(서남연대의 교수와 학생)가 역사상 네번째로 남도南渡한 지 10년도 지나지 않아 국토를 회복했으니 가위 기념할 만하다"라고 승리의 감격을 적었다.

　서남연대는 8년간 8000여 명의 재학생과 2522명의 졸업생을 배출했다. 교수는 모두 당대의 최고 석학이요, 학생들은 미래 중국의 동량이었다. 원자폭탄, 수소폭탄, 인공위성을 일컫는 양탄일성兩彈一星의 개발자 중 8명, 중국과학원과 공정원 원사 171명, 1957년 노벨물리학상 수상자인 양전닝楊振寧과 리정다오李政道가 모두 서남연대 출신이었다.

　이안 감독이 영화 〈색, 계〉의 출연배우들에게 필독을 권해 유명해진 루차오鹿橋의 소설 『끝나지 않은 노래未央歌』의 무대도 서남연대다. 소설은 쿤밍의 서남연대 캠퍼스를 배경으로 전란 속에서 꽃핀 젊은 청춘들의 꿈과 사랑과 우정을 그렸다.

　소설에는 네 명의 주인공이 등장한다. 린옌메이藺燕梅, 외국어를 전공하는 부유한 집안 출신의 여학생이다. 화려한 배경과 달리 모든 친구를 평등하게 대한 신세대다. 천진무구한 성격으로 춤과 노래에 능했다. 전교생을 상대로 펼친 연극 공연에서 수녀로 분장해 노래를 불렀다. 이 일로 그녀는 서남연대 최고의 인기 여학생에 등극했다. 생물학과 둥샤오셴童孝賢은 진실하고 활발한 성격의 소유자다. 동물을 좋아한 그는 린옌메이와 커플이 된다. 친언니처럼 린옌메이를 돌보는 생물학과 여학생 우바오성伍寶笙과 강직한 애국청년 위멍친余孟勤이 주변인물이다.

소설은 루차오의 경험이 바탕이 됐다. 둥샤오셴은 루차오의 화신으로 알려진다. 린옌메이는 순수한 허구의 인물이다. 이 네 청춘이 전쟁에도 불구하고 마치 무릉도원과 같은 쿤밍의 서남연대 캠퍼스에서 인생의 황금기를 보낸다. 소설 『끝나지 않은 노래』는 "성안 사람은 성 밖을 동경하고, 성 밖에선 성안을 동경하게 마련"이라는 구절로 유명한 첸중수錢鐘書의 소설 『포위된 성圍城』과 함께 항전시기 양대 장편소설로 통한다.

서남연대가 떠난 쿤밍은 암울했다. 서남연대는 안으로는 학문의 자유를 지키고, 밖으로는 민주를 지키는 보루였다. 서남연대 문학부(단과대학) 학장이던 원이둬는 시인이며 투사였다. 중간파 지식인들의 정치결사인 중국민주동맹 윈난성 책임자로 활동하기도 했다. 국공 대립이 격화되자 중간파는 설 자리를 잃었다. 독재에 반대하며 반反장제스 운동에 앞장섰던 원이둬는 1946년 7월 국민당 쿤밍경비사령부 소속 군인의 총탄에 쓰러졌다. 시인의 도시 쿤밍은 이렇게 막을 내렸다.

---

## 쿤밍에서 꼭 가봐야 할 10곳

지금도 쿤밍의 진면목을 느끼려면 70년 전 서남연대의 학생들이 그랬던 것처럼 베트남 하노이에서 열차를 타고 들어가는 게 좋다. 쿤밍에서 꼭 가봐야 할 10곳을 소개한다.

★ **금마金馬와 벽계碧鷄** 쿤밍의 상징이자 쿤밍 시민들의 정신적 토템이다. 문짝이 없는 대문 모양의 중국 특유의 건축물인 패방牌坊이다. 금마벽계방은 쿤밍의 최고 번화가에 위치한다. 명대에 처음 세워진 이래 수차례 훼손과 중건을 거듭했다. 문화대

혁명 때 무너진 것을 1999년에 복원했다.

★ **덴츠호滇池** 중국에서 여섯번째로 큰 담수호. 쿤밍의 정신적 고향이다. 면적이 297.9 제곱킬로미터에 이를 정도로 거대하다. 고원명주高原明珠라는 별명을 갖고 있다.

★ **서산西山 용문龍門** 덴츠호와 인접한 서산의 중턱에 있는 문. 위로는 하늘과 접하고, 아래는 절벽이다. 500리 덴츠호를 한눈에 조감할 수 있다. 우화등선羽化登仙의 기분을 만끽할 수 있다.

★ **추이후翠湖공원** 호수 위의 섬과 정자를 잇는 다리가 한 폭의 동양화를 연상시킨다. 겨울철이 되면 시베리아에서 날아온 수천 마리 붉은부리갈매기떼가 장관을 이룬다.

★ **금전金殿** 윈난의 구리 250톤으로 만든 도교 사원이다. 오삼계吳三桂가 청나라에 반역을 꿈꾼 장소이자, 명나라의 마지막 황제 숭정제崇禎帝로부터 하사받은 절세미인 진원원陳圓圓과 사랑을 나누던 곳이다.

★ **공죽사筇竹寺** 불교 선종의 사찰. 당송시대에 세워졌다. 청나라 말기 쓰촨의 저명한 조각가 려광수黎廣修와 다섯 제자들이 1883년부터 1890년까지 7년간 500개의 나한상羅漢像을 이곳에 세웠다.

★ **대관루大觀樓** 중국에는 건물 기둥에 대구對句로 된 대련對聯을 쓰는 전통이 있다. 청나라 시인 손염孫髥이 지은 '천하제일장련天下第一長聯'으로 불리는 180자 대련이 유명하다.

★ **원통사圓通寺** 당나라 때 세워진, 쿤밍에서 가장 크고 오래된 절이다. 유불선 삼교의 요소가 한데 합쳐진 사원이다.

★ **흑룡담黑龍潭** 『한서漢書』「지리지」에 보이는 흑수사黑水祠를 청나라 총독 완원阮元이 고증해 도교 사원을 지었다. 당나라 홍매紅梅와 송나라 측백나무가 유명하다.

★ **윈난육군강무당雲南陸軍講武堂** 중국에서 유일하게 지금까지 보존된 근대식 사관학교 건물. 1909년 설립됐으며 황푸군관학교의 모태다. 1920년대 초 한국인 30여 명도 이곳에서 수학했다. 중화인민공화국 개국원수 주더가 1기 입학시험에 떨어진 뒤재수 끝에 합격한 곳이다. 문화대혁명을 주도한 4인방 체포의 주역 예젠잉 원수도 이곳 출신이다.

# 경제성장과 민주화에 성공한
## 중국의 '모델'

2011년 타이완의 1인당 국민소득은 2만 1592달러에 이른다.
중국은 5449달러다.

지금부터 20여 년 전인 1992년 8월 24일 한국인들에게 '중국'의 의미가 '자유중국(중화민국)'에서 '중공(중국공산당)'으로 바뀌었다. 한국 정부가 타이완臺灣과 외교를 단절하고 중화인민공화국과 수교했기 때문이다. 당시 이상옥 외무부 장관은 수교 1주일 전인 8월 18일과 사흘 전인 21일 두 차례 진수치金樹基 주한 타이완 대사에게 외교 단절을 공식 통보하면서 각별했던 공식 관계가 끝났다.

　　2012년 4월부터 서울 김포공항과 타이베이臺北 시내 쑹산嵩山 공항 간 하늘길이 열렸다. 다시 가까워진 타이완과 타이베이로 떠나보자.

## 진시황 불로초 구하러 왔다 눌러앉은 한족

타이완이란 이름의 유래에는 세 가지 설이 있다. 먼저 1624년 네덜란드인들이 타이완을 점령한 뒤 바닷물이 육지로 굽어들어온 만灣에 누대臺를 수축한 데서 시작됐다는 설이다. 둘째, 대만大灣에서 시작됐다는 설이다. 지금의 타이난臺南시 안핑安平의 지형은 본디 만이었다. 안핑은 1822년 발생한 대형 홍수로 만이 토사로 메워져 육지로 변했다. 셋째, 대원臺員에서 유래했다는 설이다. 명나라 중엽 안핑 부근에는 대와만臺窩灣족으로 불리는 토착민들이 거주했다. 이들 종족의 이름에서 타이완이 유래했다는 설이다. 타이완의 영어 이름은 포모사Formosa다. 16세기에 타이완 해협을 지나던 포르투갈 선원들이 '아름다운 섬'이라는 뜻의 '일랴 포르모사Ilha Formosa'라고 이름 붙인 데서 유래한다. 타이완 사람들이 지금도 타이완을 미려도美麗島라 부르는 이유다.

타이완 인구 2300만 명은 토착 원주민과 여러 차례 대륙에서 이주해온 한족漢族으로 나뉜다. 고산족高山族으로 불리는 원주민은 동남아계의 언어와 습성을 갖고 있다. 애초에는 평지에 살았으나 한족의 이주로 평원에서 산지로 쫓겨들어갔다. 가장 이른 통계는 20만 명 정도로 기록하고 있다. 청나라와 일제의 토벌로 1940년대 12만 명까지 줄었다. 현재는 인구의 2.1퍼센트인 50만 명 정도를 차지한다.

타이완에 한족이 이주한 최초의 기록은 『후한서』「동이열전東

타
이
베
이

287

夷列傳」에 보인다. 진시황의 명령을 받고 봉래산으로 불로초를 구하러 간 서복徐福이 이에 실패하자 사형당할까 두려워 돌아가지 못하고 정착한 곳이 이주夷洲와 전주澶洲였다는 기록이다. 이주와 전주는 타이완의 옛 이름이다. 이후 삼국시대 오나라 손권과 수 양제인 양광楊廣이 타이완에 대군을 파견했다. 군인과 함께 한족 이주민들이 함께 건너가 정착했다.

17세기 타이완은 네덜란드 동인도회사가 경영하는 식민지였다. 1620년 푸젠에 심각한 가뭄이 들었다. 백성의 3분의 1이 굶어 죽었다. 빈농들이 바다를 건너 타이완의 농지를 개간했다. 네덜란드 동인도회사가 이들을 보호했다. 1624년부터 38년간 지속된 네덜란드의 식민지배는 1661년 한족 출신 해적 집단의 우두머리였던 정성공鄭成功의 격퇴로 마무리됐다. 명나라의 잔존세력과 함께 청나라에 항명하던 정씨 정권은 이미 정착해 있던 10만 명의 한족과 자신을 따라 건너온 5만여 명을 동원해 대대적으로 타이완을 개간했다. 1683년 청나라 강희제는 장수 시랑施琅에게 수군 2만 명, 전함 200척을 주며 타이완 공략을 명령했다. 정씨 정권은 1683년 청조의 무력과 자중지란에 빠져 결국 투항했다.

청조는 타이완을 푸젠성에 포함시켜 1부府 3현縣을 설치했다. 세금 부담을 본토보다 덜어주고, 관리 선발에 특혜를 주는 '특구' 정책을 시행했다. 현지민 회유책이었다. 현대 타이완 인구의 85퍼센트를 차지하는 본성인本省人 대부분이 청대에 건너간 이유다. 본성인은 푸젠 출신이 70퍼센트, 멀리 중원에서 남하한 이주민 집단인 객가客家 출신이 15퍼센트로 나뉜다. 객가는 부락민끼리 무기를 동원해 다투는 계투械鬪 습속까지 타이완으로 가져갔다. "치세에는 푸젠 사람들이 광둥 사람을 깔보고, 난세에는 광둥 사람이 푸젠 사람을 경멸한다"는 말이 타이완에 퍼졌다. 크고 작은 계투가 발생하지 않는 해가 없었다.

1894년 청일전쟁 패배로 타이완은 이후 51년 동안 일본 식민지로 전락했다. 1945년 찾아온 광복은 혼란과 갈등을 함께 가져왔다. 1947년 2월 27일 대륙에서 갓 건너온 담배 전매국 직원이 길가 좌판 노파를 단속하면서 심하게 구타하는 사건이 타이베이에서 발생했다. 주위 군중은 단속원을 둘러싸고 질타했다. 위기를 느낀 단속원이 발포해 군중 한 명이 사망했다.

광복과 함께 건너온 저급한 본토 관리들에게 품었던 본성인의 불만이 폭발했다. 정부는 계엄령을 선포하고 대대적인 본성인 진압에 나섰다. 본성인 1만 9000여 명이 희생됐다. 허우샤오셴 감독, 량차오웨이 주연의 영화 〈비정성시悲情城市〉의 배경이 된 2·28 사건이다. 이 사건은 일본 식민지 기간 성장했던 타이완 엘리트층을 일소했다. 현재 타이완 인구의 13퍼센트를 차지하는, 1949년 대륙에서 패퇴한 장제스 국민당 정권을 따라 건너온 외성인外省人 통치를 위한 사전 정지작업이었던 셈이다. 외성인에 대한 본성인의 반감이 생겨난 뿌리다.

## 자본금 5만 냥으로 세운 도시 타이베이

1884년 청불전쟁에서 프랑스군의 타이완 공격을 겪은 청조는 1887년 타이완을 독립된 성省으로 승격하고 근대화 정책을 시행했다. 초대 순무 유명전劉銘傳은 상하이, 쑤저우, 닝보 출신의 부유한 상인들에게 요청해 '흥시공사興市公司'라는 자본금 5만 냥의 회사를 설립했다. 이 자금을 기반으로 타이베이에 견고한 성을 쌓고, 상점을 열고, 도로를 깔고, 전기와 가로등을 설치했다. 장쑤성과 저장성 등 연안지역의 부유한 도시민이 타이베이로 이주해왔다. 타이완의 정치경제 중심지 타이베이는 이처럼 19세기 말에 세워진 비교적 신생도시다. 청나라에 이어 일본도 타이베이에 총독부를 세우고 식민지배의 본부로 삼았다.

타이완은 공포정치의 역사가 길었다. 일제 식민지배 51년, 국민당 계엄통치가 38년간 이어졌다. 하지만 이제는 모두 과거의 역사다. 1987년 7월 14일, 1949년 5월부터 시작된 계엄령이 해제됐다. 그해 11월에는 대륙 방문 자유화 조치도 발표됐다. 지금은 매주 530여 편의 항공편이 양안 사이를 오간다. 2012년 1월 재선에 성공한 국민당 마잉주馬英九 정권은 중국과 경제협력기본협정ECFA을 체결해 전 세계적인 금융위기에도 2010년 10.8퍼센트 경제성장률을 기록했다. 2011년 타이완의 1인당 국민소득은 2만 1592달러에 이른다. 중국은 5449달러다. 경제성장과 민주화에 성공한 중국의 모습을 보려면 타이베이로 가라는 말이 나오는 이유다.

2008년 초 대만 중정(中正. 국민당 장제스 총통의 호)기념당의 내부 모습. 당시 민진당 천수이벤 총통은 '대만민주기념관'으로 이름을 바꾸고 대규모 '연鳶 전시 회'를 열었다.

## 국민당 선택한 철학자 후스, 화가 장다첸 말년 보내

공산당 대신 국민당을 선택한 명인名人들은 타이베이에서 말년을 보냈다. 자유주의를 신봉한 철학자 후스胡適의 최종 도착지는 타이베이였다. 그는 '자유가 아니면 죽음을 달라'는 미국인 패트릭 헨리의 1775년 연설을 중국의 고전에서 찾아냈다. 송대 범중엄范仲淹의 작품 「신령한 까마귀를 노래함靈烏賦」에 "울다 죽을지언정 침묵하며 살지 않겠다寧鳴而死. 不默而生"는 구절을 찾아 타이베이에서 간행되던 잡지 『자유중국』에 동명의 제목으로 게재했다.

1948년 베이징을 떠나는 마지막 비행기로 빠져나온 후스는 미국에 머물다 1958년 총통 직속의 최고 학술연구기관인 중앙연구원 원장에 임명됐다. 1962년 죽을 때까지 중앙연구원이 위치한 난강南港에 머물렀다. 대학생까지 교복으로 군복을 입어야만 했던 암울한 시절 자유주의자 후스의 존재는 그 자체가 타이완 사람들에게 하나의 숨통이었다.

화가 장다첸張大千도 타이베이에서 말년을 보냈다. 현재 장다첸기념관으로 조성된 '마야정사摩耶精舍'가 바로 그곳. 2011년 경매 총액에서 피카소를 능가한, 현대 중국 화단의 대가인 장다첸은 평생 다섯 곳에 손수 집을 지었다. 쓰촨의 '매도梅都', 브라질의 '팔덕원八德園', 미국의 '가이거可以居'와 '환필암環畢盦', 마지막이 타이베이 와이쌍시外雙溪의 '마야정사'다. 마야는 석가모니 어머니의 이름이다. 불교에서는 세계가 1000개 모여 소천小千, 소천이 1000개 모여

중천中千, 중천이 1000개 모여 대천세계大千世界를 이룬다고 한다. 대천세계는 하나의 태양, 하나의 달로 이루어진 세계가 10억 개 모인 전 우주를 이른다. 마야부인의 배 속에 우주가 있고, 그 속에 장다첸이 산다는 의미로 붙인 이름이다.

현관문을 들어서면 분재매화가 손님을 맞는다. 그 옆으로 선생의 화실을 지나면 'ㅁ'자형 정원이 나온다. 진귀한 화초, 인공 연못의 비단잉어, 대나무와 바위가 조화를 이룬다. 안뜰을 지나면 구름다리가 매화언덕梅丘으로 안내한다. 장다첸은 이곳에 영면해 있다.

## 타이베이에서 꼭 가봐야 할 곳

★ **국립고궁박물원** 중국에는 고궁이 두 개다. 베이징 자금성과 타이베이의 고궁박물원이다. "타이베이에는 유물은 있지만 고궁이 없고, 베이징에는 고궁은 있어도 유물이 없다"는 말이 있다. 춘추전국시대의 청동기부터 당송대의 진귀한 시서화, 값을 매길 수 없는 황제의 도자기와 옥기를 비롯해 희귀 고적본까지 총 68만여 점에 이르는 '천하제일가天下第一家' 중국 황실의 컬렉션이 관람객의 눈을 사로잡는다.

★ **타이베이 101빌딩** 세계 초고층 빌딩 역사에서 500미터를 처음 돌파한 빌딩이다. 완공된 2004년 12월 31일부터 두바이의 부르즈 칼리파가 완공된 2010년 1월 4일까지 세계 최고층 빌딩이었다. 8자를 좋아하는 중국인답게 여덟 층 묶음을 여덟 개로 쌓은 모습이다. 겹겹이 핀 연꽃을 닮았다. 타이베이 101은 거대한 전광판이다. 아인슈타인의 상대성이론 발견 100주년인 2005년 4월 19일에는 'E=mc²'을, 중화민국 건국 100주년인 2011년 10월 8일부터 13일까지는 '100'을 빌딩 외벽의 야간 조명으로 밝혀 화제를 모았다. 해마다 12월 31일 자정을 전후해 188초에서 208초 동안 2만에서 3만 발의 폭죽을 터뜨리는 장관을 연출한다.

★ **중정기념당中正紀念堂** 장제스를 기념하기 위해 역대 제왕의 황릉 규모로 지은 대형 기념관이다. 남색 기와와 흰 벽돌이 인상적인 타이베이의 필수 방문 코스다.

# 참고문헌

- 중앙일보
- 秦始皇帝陵博物院 http://www.bmy.com.cn
- The Clinton Presidential Materials http://clinton6.nara.gov

- 배경한, 「19세기 말 20세기 초 중화체제의 위기와 중국 민족주의」, 『역사비평』 2000년 여름호(통권 51호), 2000.5
- 신춘호, 「장이머우식 〈印象計劃〉의 성공요인과 한국형 〈실경산수공연〉의 가능성 탐색」, 『글로벌문화콘텐츠』 5, 2010.12
- 홍원식, 「주자학과 호상학의 만남, 악록서원을 찾아서」, 『오늘의 동양사상』 제6호, 예문동양사상연구원, 2002
- 「民主新演進 : 南京黨內"公推直選"」, 『中國新聞周刊』, 2010年21期
- 譚汝爲, 「從地名解讀天津地域文化」, 『遼東學院學報』, 2005年04期
- 勞理, 「周恩來在大連」, 『東北之窓』, 2013年第05期
- 공원국, 『춘추전국이야기 1-최초의 경제학자 관중』, 역사의 아침, 2010
- _____, 『여행하는 인문학자』, 민음사, 2012
- 구범진, 『청나라 키메라의 제국』, 민음사, 2012
- 마르코 폴로 저, 김호동 역주, 『마르코 폴로의 동방견문록』(원제 *The Description of the World*), 사계절, 2000
- 마크 C. 엘리엇 저, 이훈·김선민 역, 『만주족의 청제국』, 푸른역사, 2009
- 박한제, 『제국으로 가는 긴 여정-박한제 교수의 중국역사기행 3』, 사계절, 2003
- 양둥핑 저, 장영권 역, 『중국의 두 얼굴』, 펜타그램, 2008
- 위치우위(余秋雨) 저, 유소영·심규호 역, 『위치우위의 중국문화기행 1, 2』, 미래인, 2007
- 이시다 미키노스케 저, 이동철·박은희 역, 『장안의 봄』, 이산, 2004

- 이은상, 『중국 문인들의 글쓰기-장강의 멜랑꼴리』, 이담북스, 2012
- 이중텐 지음, 심규호·유소영 옮김, 『독성기(讀城記)』, 에버리치홀딩스, 2010
- 이효석, 『이효석 단편 전집 2-순수와 서정의 작가 이효석 깊이 읽기』, 가람기획, 2006
- 제임스 A. 밀워드 저, 김찬영·이광태 역, 『신장의 역사-유라시아의 교차로』, 사계절, 2013
- 지안니 과달루피 저, 이혜소·김택규 역, 『중국의 발견-서양과 동양문명의 조우』(원제 *China Revealed*), 생각의 나무, 2004
- 『外参』, 外参雑誌社, 第38期(2013.7)
- 羅時漢, 『武漢往事』, 花城出版社, 2011
- 唐建光 主編, 『創四川』, 金城出版社, 2011
- 鹿橋, 『未央歌』, 黃山書社, 2008
- 上海市旅游局, 『2010體驗上海』, 2010
- 孫啓軍 主編, 『羊城滄桑1』, 花城出版社, 2011
- 楊楊, 『昆明往事』, 花城出版社, 2010
- 倪健中, 辛向陽, 『人文中國: 中國的南北情貌與人文精神』, 中國社會出版社, 2008
- 任見, 『洛陽往事』, 花城出版社, 2012
- 陳中東, 王海文, 『重慶往事』, 花城出版社, 2010
- 植民地文化学会, 中国東北淪陷14年史総編室 共編, 『「満洲国」とは何だったのか―日中共同研究』, 小学館, 2008
- 倉沢進, 李国慶, 『北京―皇都の歴史と空間』, 中央公論新社, 2007
- 榎本泰子, 『上海―多國籍都市の百年』, 中公新書, 2009
- Daniel Brook, *A History of Future Cities*, W. W. Norton & Company, 2013
- Ezra F. Vogel, *Deng Xiaoping and the Transformation of China*, Belknap Press, 2011

**고찰명** 중국도시이야기
ⓒ 신경진 2013

초판 인쇄    2013년 11월 18일
초판 발행    2013년 11월 25일

지은이 신경진
펴낸이 강병선

기획 형소진 김소영 | 책임편집 형소진 | 편집 방재숙 오경철 | 독자모니터링 황치영
디자인 윤종윤 이효진 | 사진 중앙포토 | 마케팅 우영희 이미진 나해진 김은지
온라인마케팅 김희숙 김상만 이원주 한수진
제작 강신은 김동욱 임현식 | 제작처 미광원색사(인쇄) 한영제책사(제본)

펴낸곳 (주)문학동네
출판등록 1993년 10월 22일 제406-2003-000045호
주소 413-120 경기도 파주시 회동길 210
전자우편 editor@munhak.com | 대표전화 031)955-8888 | 팩스 031)955-8855
문의전화 031)955-8890(마케팅) 031)955-2681(편집)
문학동네카페 http://cafe.naver.com/mhdn | 트위터 @munhakdongne

ISBN 978-89-546-2308-7 03900

**www.munhak.com**